DEUTSCHES INSTITUT FÜR WIRTSCHAFTSFORSCHUNG

(INSTITUT FÜR KONJUNKTURFORSCHUNG)

SONDERHEFTE

Nr. 83   1969

Der künftige Brennstoffverbrauch
zu Heizzwecken im Sektor
Haushalts- und Kleinverbrauch unter
regionalem Aspekt

von

Urs Dolinski

DUNCKER & HUMBLOT / BERLIN

Die vorliegende Arbeit wurde weitgehend aus Mitteln der Deutschen Forschungsgemeinschaft, Bad Godesberg, gefördert. Sie stellt ein weiteres Teilstück einer umfangreichen energiewirtschaftlichen Studie dar, die im Deutschen Institut für Wirtschaftsforschung erarbeitet wird.

Herausgeber: Deutsches Institut für Wirtschaftsforschung, 1 Berlin 33, Königin-Luise-Straße 5. Tel. (0311) 8 29 11; telex 018 3247 diwbl. Schriftleitung: Dr. Wolfgang Watter. Verlag: Duncker & Humblot, 1 Berlin 41, Dietrich-Schäfer-Weg 9. Alle Rechte vorbehalten. Druck 1969 bei Berliner Buchdruckerei Union GmbH., 1 Berlin 61, Printed in Germany

Inhalt

Die Bedeutung einer Energieverbrauchsprojektion im Sektor Haushalts- und Kleinverbrauch 5

Ziel der Untersuchung und zugrundegelegtes Material 7
    I. Allgemeines — Objekt der Untersuchung 7
    II. Ziel der Untersuchung 7
    III. Grundlagen der Untersuchung 8
        1. Der Basiszeitraum 8
        2. Das zugrundegelegte statistische Material, seine Erhebung und regionale Abgrenzung 9
            a) Brennstoffe 9
                Die festen Brennstoffe — Das Heizgas — Die flüssigen Brennstoffe — Aufbereitung des Ausgangsmaterials
            b) Wohnungsbestand 12
            c) Temperaturangaben 12
    IV. Die Bewertung der Entwicklung des Brennstoffverbrauchs im Basiszeitraum 1958—1967 12
        1. Allgemeines 12
        2. Die den Brennstoffverbrauch generell beeinflussenden Faktoren ... 12
            a) Die Temperatur als Einflußfaktor 16
            b) Die Lagerhaltung als Einflußfaktor 17
        3. Die Isolierung des Temperatureinflusses und des Einflusses der Lagerbestandsveränderung auf den Brennstoffverbrauch 18
            a) Allgemeines 18
            b) Die Wahl der Bezugsgröße 18
            c) Die Temperaturbereinigung 19
            d) Die Berücksichtigung des Einflusses von Lagerbestandsveränderungen 23
        4. Der bereinigte Brennstoffverbrauch 1958 bis 1967 23
        5. Betrachtung der bisherigen Entwicklung unter Preisgesichtspunkten 25
            a) Allgemeines 25
            b) Die Preisentwicklung Heizöl — Kohle — Braunkohle 25

Die Projektion des Brennstoffverbrauchs
    I. Der Projektionszeitraum 28
    II. Die Methode der Vorausschätzung 28
    III. Die Projektionsrechnungen 29
        1. Zur künftigen Temperaturentwicklung 30

Inhaltsverzeichnis

2. Die Projektion des regionalen Wohnungsbestands 30
   a) Allgemeines 30
   b) Die voraussichtliche Entwicklung der Bevölkerung 32
   c) Die Projektion der künftigen Entwicklung der Personenzahl je Wohnung 32
   d) Der künftige regionale Wohnungsbestand 33
3. Die Projektion des durchschnittlichen Brennstoffverbrauchs je Wohnung 36
4. Die Ermittlung des künftigen absoluten Brennstoffverbrauchs in den 38 Regierungsbezirken 38

Die Überprüfung der Projektionsergebnisse

I. Überprüfung der Regionalergebnisse durch eine Globalprojektion für die gesamte Bundesrepublik 43
   1. Allgemeines 43
   2. Korrektur der Gradtagszahl 43

II. Überprüfung der Projektionsergebnisse mit Hilfe der Angebotsmöglichkeiten der einzelnen Energieträger und deren künftige Preiskonstellation 45
   1. Die Angebotsmöglichkeiten 45
      a) Steinkohle 45
      b) Steinkohlenkoks 45
      c) Steinkohlenbriketts 46
      d) Braunkohlenbriketts 46
      e) Heizöl 46
   2. Künftige Preiskonstellation 47
      a) Allgemeines 47
      b) Steinkohle 48
      c) Heizöl 49

Das Erdgas

I. Der Einsatz des Energieträgers Gas zu Heizzwecken 52
   1. Allgemeines 52
   2. Die Projektion des künftigen Heizgasverbrauchs 54
      a) Die Problematik einer Regionalprojektion des künftigen Heizgasabsatzes 54
      b) Die Projektionsrechnung 54
   3. Die Angebotsmöglichkeiten des Erdgases 55
   4. Die voraussichtliche Preiskonstellation des Heizgases 56
      a) Allgemeines 56
      b) Die erwartete Heizgaspreisbildung 57

Abschließende Betrachtung und Ausblick 58

Summary 59

Literaturverzeichnis 60
1. Bücher und Statistiken 60
2. Dissertationen 60
3. Vorträge und Zeitschriften 61

Die Bedeutung einer Energieverbrauchsprojektion im Sektor Haushalts- und Kleinverbrauch

Für die Energiewirtschaft und deren Marktteilnehmer ist die Transparenz der künftigen Marktentwicklung von ausschlaggebender Bedeutung. Nur eine ausreichende Versorgung der Wirtschaft mit den benötigten Energieträgern nach Menge und Art schafft letztlich die Voraussetzung für ein stetiges wirtschaftliches Wachstum und einen steigenden Lebensstandard.

Eine Störung in der Versorgung der Wirtschaft mit Energie durch unzureichendes Angebot oder Ausfall eines speziellen Energieträgers bei Unmöglichkeit, kurzfristig auf andere Energieträger auszuweichen, würde für die Verbraucher nur schwer lösbare Probleme aufwerfen.

Nicht nur für den Verbraucher, auch für den Produzenten ist die Transparenz der künftigen Entwicklung des Energiemarktes nach Struktur und Größe bedeutsam, da er nur bei Kenntnis dieser Entwicklung seine Dispositionen treffen, Investitionen vornehmen kann, um damit sein Energieangebot mit dem Energiebedarf des Verbrauchers in Einklang zu bringen.

Der Endenergieverbrauch in der Bundesrepublik nach Verbrauchergruppen in vH

Gruppen	1960	1962	1964	1966	1967
Endenergieverbrauch[1]	100,0	100,0	100,0	100,0	100,0
davon:					
Industrie	48,2	43,8	43,3	42,3	42,6
Verkehr	17,3	17,7	18,0	19,0	18,5
Haushalts- und Kleinverbrauch	31,9	36,2	36,2	36,7	36,7
Sonstiger Verbrauch	2,6	2,3	2,5	2,0	2,2

[1] Arbeitskreis Energiebilanzen: „Energiebilanzen der Bundesrepublik Deutschland". Energiewirtschaftliches Institut an der Universität Köln.

Der Brennstoffeinsatz im Haushalts- und Kleinverbrauch nach Energieträgern in Mill. t SKE

Energieträger	1960	1962	1964	1966	1967
Steinkohle	6,6	7,0	5,1	4,4	4,1
Steinkohlenkoks	9,2	10,0	9,9	8,9	8,3
Steinkohlenbriketts	5,4	6,1	5,8	4,4	3,9
Braunkohle (Briketts, Rohbraunkohle, Schwelkoks)	9,5	10,7	10,8	8,3	7,6
Pechkohle	0,3	0,3	0,2	0,1	0,1
Heizöl	7,9	16,2	23,4	31,2	33,5
Heizgas	0	0,4	0,7	1,3	1,6
Holz	1,4	1,4	1,6	1,2	1,1
Torf	0,3	0,2	0,2	0,1	0,2
Brennstoffverbrauch gesamt	40,6	52,3	57,7	59,9	60,4

Einen entscheidenden Bereich dieses Energiemarktes, der für Anbieter und Nachfrager gleichermaßen wichtig ist, stellt der Markt für Brennstoffe im Haushalts- und Kleinverbrauch dar. Seine Bedeutung ergibt sich aus dem Anteil, den dieser Sektor am Gesamtenergieverbrauch in der Bundesrepublik besitzt.

Die Menge und die Mannigfaltigkeit der in diesem Bereich eingesetzten Energieträger, sei es ausschließlich zu Heizzwecken, sei es zur Deckung des Energiebedarfs generell, lassen es in besonderem Maße nötig erscheinen, langfristige Vorstellungen über die Struktur gerade dieses Energiemarktes zu entwickeln. Den Marktteilnehmern muß ermöglicht werden, langfristige Entscheidungen zu treffen und bevorstehende Strukturveränderungen frühzeitig zu erkennen, um sich dem geeignetsten und wirtschaftlichsten Energieträger zuwenden zu können.

Ziel der Untersuchung und zugrundegelegtes Material

I. Allgemeines — Objekt der Untersuchung

Mit den Energiebilanzen[1] über die Struktur der Energiewirtschaft, wie sie jährlich vom Energiewirtschaftlichen Institut, Köln, für die Bundesrepublik veröffentlicht werden, wurde eine allgemein gültige Einteilung der am Energiemarkt beteiligten Endverbraucher eingeführt. Die Aufgliederung sieht dabei die folgenden Verbrauchssektoren vor:
1. Industrie
2. Verkehr
3. Haushalte und Kleinverbraucher
4. Restgruppen.

Die folgende Untersuchung befaßt sich lediglich mit dem Energieverbrauch des dritten Sektors, des Haushalts- und Kleinverbrauchs. Da es sich hierbei jedoch um einen sehr heterogenen Bereich handelt, soll kurz auf seine Struktur eingegangen werden.

Es gehören hierzu die privaten Haushalte, die nichtindustriellen oder gewerblichen Betriebe und öffentlichen Einrichtungen, der Handel und andere Dienstleistungsbetriebe und das Kleingewerbe[2].

Aufgrund der sehr unterschiedlichen Merkmale dieser Teilbereiche wäre es zweckmäßiger, den Energieverbrauch jedes einzelnen Bereichs getrennt zu betrachten. Wie im folgenden jedoch zu zeigen sein wird, ermöglichen die zur Verfügung stehenden statistischen Unterlagen gegenwärtig noch keine getrennte Regionalanalyse für die einzelnen Teilbereiche.

II. Ziel der Untersuchung

Aufgabe der folgenden Studie soll es sein, eine Wettbewerbsanalyse für die verschiedenen Brennstoffe[3] durchzuführen, wie sie in Zukunft

---

[1] Arbeitskreis Energiebilanzen: „Die Energiebilanzen in der Bundesrepublik Deutschland", 1960—1965, S. 11.

[2] Arbeitskreis Energiebilanzen, a.a.O., S. 11.

[3] Der Stromverbrauch im Sektor der Haushalte und Kleinverbraucher ist in einer gesonderten Studie analysiert worden. Siehe C. W. Ebel, „Die Einsatzmöglichkeiten von Kernkraftwerken der Elektrizitätswirtschaft der Bundesrepublik Deutschland bis 1985". Sonderhefte des DIW, Nr. 82, Berlin 1968.
Auch die voraussichtliche Entwicklung des *Kochgases* wird hier nicht untersucht, da sich die vorliegende Analyse mit dem *Brennstoffverbrauch zu Heizzwecken* befaßt. Zur Entwicklung des Kochgases: Vgl. U. Dolinski, „Erdgas — ein neuer Energieträger auf dem Energiemarkt der Bundesrepublik. Versuch einer Marktanalyse." Vierteljahrshefte zur Wirtschaftsforschung, Drittes Heft, Jahrg. 1968.

im Haushalts- und Kleinverbrauch zu Heizzwecken eingesetzt werden dürften.

In Erweiterung des Energiegutachtens aus dem Jahre 1961[4], in dessen Rahmen Analysen bezüglich Haushalte und Kleinverbraucher nur für die Bundesrepublik als Ganzes erarbeitet wurden, werden die folgenden Untersuchungen als Regionalanalyse für kleinere Einheiten durchgeführt. Darüber hinaus wird die Analyse neben dem Gesamtbrennstoffverbrauch auch die einzelnen als Brennstoff eingesetzten Energieträger umfassen.

Hierbei werden als regionale Einheiten die 11 Bundesländer und die 38 Regierungsbezirke zugrunde gelegt. Diese Aufgliederung wurde in Anlehnung an die amtliche Statistik[5] des Statistischen Bundesamtes gewählt; sie ermöglicht die Übernahme bestimmter, im Laufe der Untersuchung benötigter empirischer Zahlenreihen.

Eine Ausnahme von dieser regionalen Aufteilung bilden die 26 über die Bundesrepublik verteilten Temperaturbereiche des Deutschen Wetterdienstes, Zentralamt Offenbach[6], von denen die ebenfalls benötigten Angaben über die Entwicklung der Witterungsverhältnisse übernommen worden sind.

III. Grundlagen der Untersuchung

1. Der Basiszeitraum

Eine Vorausschau auf die künftige Entwicklung des Energieverbrauchs im Haushalts- und Kleinverbrauch ist nur innerhalb gewisser Grenzen und unter Zugrundelegung bestimmter Annahmen durchführbar. Die Wahl dieser Prämissen wird dabei erleichtert durch die Kenntnis der Entwicklung des Energieverbrauchs in der Vergangenheit. Die vergangene Entwicklung bzw. die daraus zu ziehenden Folgerungen lassen die Wahl der Prämissen insbesondere dann in hohem Maße vertretbar erscheinen, wenn sie auf einer detaillierten Untersuchung derjenigen Faktoren beruhen, die die zurückliegende Entwicklung im wesentlichen mitbestimmt haben und deren Gültigkeit für die Zukunft aller Voraussicht nach ebenfalls unterstellt werden kann.

Vor einer Projektion ist also die Energienachfrage bzw. das Energieangebot in der Vergangenheit zu analysieren. Dabei darf sich diese Betrachtung nicht nur auf die mengenmäßigen und strukturellen Änderungen des Brennstoffmarktes beschränken; vielmehr müssen die Einflußfaktoren, wie z. B. Preisänderungen oder Witterungsverhältnisse, analysiert werden, die schließlich die vergangene Entwicklung mitbestimmt haben. Entwicklungstendenzen, die sich in der Vergangenheit ergeben haben, sind zu untersuchen, ihre Gültigkeit für die Zukunft zu überprüfen. Die Zeitspanne, Basiszeitraum genannt, die dieser Vergan-

---

[4] Energiegutachten, Berlin 1961.
[5] Statistisches Jahrbuch für die Bundesrepublik Deutschland 1961, S. 38.
[6] Temperaturen und Gradtage in „Heizung, Lüftung, Haustechnik", Jahrg. 1956—1966, Juli-Heft.

genheitsanalyse zugrunde gelegt wird, soll dabei möglichst ausgedehnt sein, um die Tendenzen deutlich erkennbar werden zu lassen.

In der folgenden Untersuchung wurde ein Basiszeitraum von 10 Jahren, 1958 bis 1967, gewählt. Ausschlaggebend für die Wahl dieses Zeitraums und seinen Beginn im Jahre 1958 war dabei die Tatsache, daß in diesem Jahr zum erstenmal in größeren Mengen der Energieträger „leichtes Heizöl" als neuer Konkurrent auf dem Markt für Brennstoffe im Haushalt auftrat und damit eine grundlegende strukturelle Verbrauchsänderung ihren Anfang nahm.

2. Das zugrundegelegte statistische Material, seine Erhebung und regionale Abgrenzung

a) Brennstoffe

Die festen Brennstoffe

Das Ausgangsmaterial beruht auf Jahresergebnissen über die „Lieferungen an Hausbrand und Kleinverbraucher", wie sie von der Statistik der Kohlenwirtschaft e. V., Essen, der Ruhrkohlenberatung GmbH, Essen, den Ruhrkohlenverkaufsgesellschaften Präsident und Geitling GmbH, Essen, der Hessischen Braunkohlenverkaufs-GmbH, Kassel, der Rheinischen Braunkohlenbrikettverkaufs-GmbH, Köln, sowie dem Bayerischen Staatsministerium für Wirtschaft und Verkehr, München, veröffentlicht werden.

Diese Berichterstattung umfaßt dabei die *Ablieferungen* von Steinkohle (Koks und Brikett), Braunkohle (Pechkohle und Schwelkoks) sowie Holz und Torf. Mengenangaben erfolgen hier in „t".

Das Heizgas

Der Energieträger Gas — statistisch erfaßt in Nm^3 à 4300 kcal H_o — ist erst in neuerer Zeit zu Heizzwecken im Haushalts- und Kleinverbrauch eingesetzt worden. Die Angaben über die Verbrauchsmengen dieses Energieträgers sind daher erst für die Jahre seit 1960 vorhanden, soweit es den Verbrauch für die Bundesrepublik als Ganzes betrifft. Regionale Angaben über seine Verwendung als Heizgas liegen dagegen erst seit 1965 vor. Als statistische Quellen dienten

die „Gasstatistik e. V." des Verbandes der deutschen Gas- und Wasserwerke e. V., Frankfurt/M.,
die Zeitschrift „Das Gas- und Wasserfach",
die Zeitschrift „Energiewirtschaftliche Tagesfragen".

Für eine statistische Auswertung mit dem Ziel einer regionalen Verbrauchsprojektion, ähnlich wie sie später für die festen und flüssigen Brennstoffe durchzuführen sein wird, ist dieses Zahlenmaterial jedoch unzureichend. Das fehlende statistische Material zwingt daher zu einer Untersuchung, die von der des künftigen Bedarfs an festen und flüssigen Brennstoffen methodisch abweicht (s. Abschn. „Das Erdgas").

Die flüssigen Brennstoffe

Wesentlichster Energieträger ist hier das leichte Heizöl. Sein regionaler Verbrauch wird nur von den Mineralölgesellschaften statistisch erfaßt; aus betrieblichen Geheimhaltungsgründen werden darüber jedoch keine Angaben veröffentlicht.

Über die Vollständigkeit des statistischen Basismaterials in Hinblick auf den regionalen Brennstoffverbrauch ergibt sich abschließend also folgendes Bild:

Übersicht über die Vollständigkeit des zugrundeliegenden regionalen statistischen Materials

Energieträger	1958	1959	1960	1961	1962	1963	1964	1965	1966	1967
Steinkohle	X	X	X	X	X	X	X	X	X	X
Steinkohlenkoks ..	X	X	X	X	X	X	X	X	X	X
Steinkohlen-briketts	X	X	X	X	X	X	X	X	X	X
Rohbraunkohle ..	X	X	X	X	X	X	X	X	X	X
Braunkohlen-briketts	X	X	X	X	X	X	X	X	X	X
Pechkohle	X	X	X	X	X	X	X	X	X	X
Heizöl	.	.	.	.	.	.	.	.	.	.
Torf	X	X	X	X	X	X	X	X	X	X
Holz	X	X	X	X	X	X	X	X	X	X
Heizgas	—	—	.	.	.	.	.	.	X	X	X

X = Regional vorhanden. — · = Regional nicht vorhanden, Angaben nur für die BRD gesamt. — — = Kein Verbrauch.

Aufbereitung des Ausgangsmaterials

Die im Rahmen der statistischen Erhebungen erfaßten Energieträger werden in der Regel in den oben angegebenen Einheiten erhoben und ausgewiesen. Einzelübersichten oder -berechnungen können durchaus auf den ursprünglichen Dimensionen, das sind t oder Nm^3, basieren. Zusammenfassende Analysen jedoch, etwa in bezug auf den Gesamtenergiebedarf bestimmter Verbrauchergruppen wie Haushalte und Kleinverbraucher, werden erst durch Umrechnung der verschiedenen Energieträger auf eine *gemeinsame kalorische Maßeinheit* ermöglicht. In der vorliegenden Studie wurden sämtliche Daten des Energieverbrauchs in Anlehnung an das Energiegutachten 1961 auf die Steinkohleneinheit zu 7 000 kcal/kg (SKE) umgerechnet. Hierbei wurden folgende Umrechnungsfaktoren verwendet:

	Einheit	Heizwert kcal	SKE (kg)
Steinkohle[1]	kg	7 000	1,000
Steinkohlenkoks	kg	6 800	0,971
Rohbraunkohle	kg	2 000	0,286
Braunkohlenbriketts u. -koks	kg	4 800	0,686
Heizöl schwer	kg	9 800	1,400
Heizöl leicht	kg	10 100	1,443
Stadtgas, Kokereigas[2]	cbm	4 300 H_o	0,571
Erdgas	cbm	9 000	1,286

[1] Einschl. Steinkohlenbriketts. — [2] Umrechnungsfaktor auf unteren Heizwert $H_u = 4 000$ kcal bezogen.

Zwischen den addierten regionalen Zahlen der Ablieferungen von Brennstoffen, wie sie von den erwähnten Verkaufsgesellschaften veröffentlicht werden, und den jährlich für die Bundesrepublik aufgestellten Energiebilanzzahlen bestehen gewisse Abweichungen. Diese statistischen Differenzen, deren Ursache beispielsweise der in den Ablieferungen nicht erfaßte Import von Brennstoffen ist, wurden durch eine *Abstimmung mit den Werten der Energiebilanzen*[7] ausgeglichen, indem die Summe der Ablieferungsmengen in den Bundesländern mit der ausgewiesenen Verbrauchsmenge in der Energiebilanz gleichgesetzt wurde. Abweichungen wurden dann gleichmäßig auf alle Bundesländer verteilt.

Um den künftigen Verbrauch aller miteinander in Wettbewerb stehenden Brennstoffe ermitteln zu können, müssen neben den Verbrauchswerten für die Bundesrepublik insgesamt alle Werte auch regional vorhanden sein. Diese Voraussetzung trifft für die festen Brennstoffe zu; beim regionalen Verbrauch des Heizgases sind die Verbrauchswerte unvollständig, beim leichten Heizöl fehlen sie sogar völlig (vgl. Tabelle S. 10).

Daher war zunächst das statistische Material regional zu ergänzen, die Heizölverbrauchsmengen der Bundesrepublik also nach bestimmten Gesichtspunkten auf die Bundesländer zu verteilen. Dabei konnte auf eine Studie zurückgegriffen werden, die sich mit diesem Problem der regionalen Verteilung der Heizölverbrauchsmengen nach bestimmten Schlüsseln in der Vergangenheit befaßt[8].

[7] Arbeitskreis Energiebilanzen: „Die Energiebilanzen in der Bundesrepublik 1956—1966."
[8] *U. Dolinski* u. *M. Liebrucks:* „Untersuchung über den regionalen Heizölverbrauch 1956—1966", unveröffentlicht.

b) Wohnungsbestand

Eine der Variablen, die später den Berechnungen zugrunde gelegt werden, ist die Zahl der Wohnungen. Auch hier wurden statistische Reihen des Wohnungsbestandes benötigt. Das Ausgangsmaterial beruht auf den Angaben der Statistischen Landesämter, wie sie in den Statistischen Jahrbüchern der entsprechenden Länder und durch das Statistische Bundesamt[9], Wiesbaden, veröffentlicht werden. Kleinste regionale Einheit ist der Regierungsbezirk.

c) Temperaturangaben

Grundlagen waren hier die Angaben über die Temperaturmeßwerte, wie sie vom Deutschen Wetterdienst, Zentralstelle Offenbach, jährlich veröffentlicht werden[10]. Eine regional übereinstimmende Abgrenzung zwischen den 26 Meßgebieten und den Regierungsbezirken ist jedoch nicht in allen Fällen vorhanden. Auf die dadurch notwendig werdenden Zusammenfassungen einzelner Regierungsbezirke zu einem Temperaturmeßbereich wird später eingegangen.

IV. Die Bewertung der Entwicklung des Brennstoffverbrauchs im Basiszeitraum 1958-1967

1. Allgemeines

Im vorangehenden Abschnitt wurde die Aufbereitung und Vervollständigung des statistischen Materials über den regionalen Brennstoffverbrauch für den Zeitraum 1958—1967 erläutert. Bevor jedoch auf der Grundlage dieser Basisdaten Aussagen über die Struktur und das Wachstum des künftigen Bedarfs getroffen werden können, ist die vergangene Entwicklung zu analysieren. Einflußfaktoren, die eine gleichmäßige Entwicklung beeinträchtigen, sind zu eliminieren, Tendenzen, die sich eventuell fortsetzen werden, zu isolieren. Betrachtet wird dabei zum einen der Gesamtbrennstoffverbrauch und seine Entwicklung, zum anderen die Struktur des Brennstoffverbrauchs nach einzelnen Brennstoffarten.

2. Die den Brennstoffverbrauch generell beeinflussenden Faktoren

Die Entwicklung des Brennstoffverbrauchs in den Bundesländern in den vergangenen Jahren ist durch große Verbrauchsschwankungen gekennzeichnet. Ursache dieses stark schwankenden Verbrauchs sind dabei einmal die unterschiedlichen Außentemperaturen[11], zum anderen ist es der Einfluß der Lagerbestandsveränderungen bei den Verbrauchern[12].

---

[9] „Statistisches Jahrbuch für die Bundesrepublik Deutschland", 1956—1966.
[10] Temperaturen und Gradtage, a.a.O.
[11] *K. F. Holm* und *K. Deffner:* „Der Verbrauch von leichtem Heizöl in der Bundesrepublik" in Erdöl u. Kohle, August 1964, S. 669.
[12] *R. Fuchs* u. *H. Nitzsche:* „Energieverbrauch in Haushalt und Gewerbe" in Sonderdruck „Öl", Zeitschrift für die Mineralölwirtschaft, Heft 8, 1964 Hamburg, S. 2.

Der Brennstoffverbrauch im Haushalts- und Kleinverbrauch nach Energieträgern in 1 000 t SKE

Energieträger	1958	1959	1960	1961	1962	1963	1964	1965	1966	1967
Bremen										
Steinkohle	50	50	50	50	60	50	50	30	20	30
Steinkohlenkoks	100	150	160	140	190	220	210	200	210	180
Steinkohlen-Brik.	160	150	160	150	180	170	140	110	100	90
Braunkohle	100	90	100	90	110	100	90	70	70	60
Pechkohle	—	—	—	—	—	—	—	—	—	—
Heizöl	70	90	120	170	240	320	350	420	470	500
Heizgas	—	0	0	0	0	0	0	20	30	30
Holz	—	—	—	—	—	—	—	—	—	—
Torf	—	—	—	—	—	—	—	—	—	—
Verbrauch, gesamt	480	530	590	600	780	860	840	850	900	890
Hamburg										
Steinkohle	230	240	210	240	190	180	130	90	70	70
Steinkohlenkoks	150	150	200	160	230	300	190	140	150	120
Steinkohlen-Brik.	240	200	250	210	270	290	250	190	190	160
Braunkohle	370	310	300	310	350	360	330	270	260	230
Pechkohle	—	—	—	—	—	—	—	—	—	—
Heizöl	120	150	190	270	390	520	560	670	760	800
Heizgas	0	0	0	0	0	0	0	100	130	140
Holz	—	—	—	—	—	—	—	—	—	—
Torf	—	—	—	—	—	—	—	—	—	—
Verbrauch, gesamt	1 110	1 050	1 150	1 190	1 430	1 650	1 460	1 460	1 560	1 520
Niedersachsen										
Steinkohle	450	450	450	460	600	640	380	420	400	450
Steinkohlenkoks	880	900	1 270	1 230	1 510	1 630	1 580	1 420	1 400	1 280
Steinkohlen-Brik.	980	860	1 020	930	1 100	1 190	1 080	890	780	650
Braunkohle	1 650	1 400	1 450	1 480	1 620	1 670	1 610	1 340	1 260	1 120
Pechkohle	—	—	—	—	—	—	—	—	—	—
Heizöl	550	720	910	1 280	1 880	2 480	2 720	3 220	3 630	3 890
Heizgas	0	0	0	0	0	0	0	110	140	170
Holz	—	—	—	—	—	—	—	—	—	—
Torf	140	180	170	120	130	160	150	90	90	100
Verbrauch, gesamt	4 650	4 510	5 270	5 500	6 840	7 770	7 520	7 490	7 700	7 660

noch: **Der Brennstoffverbrauch im Haushalts- und Kleinverbrauch nach Energieträgern in 1 000 t SKE**

Energieträger	1958	1959	1960	1961	1962	1963	1964	1965	1966	1967
Schleswig-Holstein										
Steinkohle	160	150	180	140	170	150	90	90	80	70
Steinkohlenkoks	370	350	420	340	430	500	480	450	460	400
Steinkohlen-Brik.	440	390	450	390	450	490	420	360	360	300
Braunkohle	650	500	500	550	590	620	560	510	460	410
Pechkohle	—	—	—	—	—	—	—	—	—	—
Heizöl	190	240	310	430	630	840	910	1 090	1 230	1 310
Heizgas	0	0	0	0	0	0	0	20	20	30
Holz	—	—	—	—	—	—	—	—	—	—
Torf	40	50	40	30	30	40	40	20	20	20
Verbrauch, gesamt	1 850	1 680	1 900	1 880	2 300	2 640	2 500	2 540	2 630	2 540
Nordrhein-Westfalen										
Steinkohle	2 360	2 140	2 310	2 260	2 250	3 060	1 890	2 150	2 170	1 890
Steinkohlenkoks	2 850	3 140	3 480	3 370	3 680	5 030	4 100	4 220	3 800	3 320
Steinkohlen-Brik.	1 340	1 090	1 320	1 340	1 880	2 320	1 540	1 400	1 310	1 220
Braunkohle	2 580	2 360	2 530	2 610	2 760	2 870	2 790	2 430	2 280	2 080
Pechkohle	—	—	—	—	—	—	—	—	—	—
Heizöl	1 160	1 550	1 910	2 710	4 010	5 270	5 710	6 880	7 720	8 350
Heizgas	0	0	0	0	0	0	0	280	320	440
Holz	—	—	—	—	—	—	—	—	—	—
Torf	—	—	—	—	—	—	—	—	—	—
Verbrauch, gesamt	10 290	10 280	11 550	12 290	14 580	18 550	16 030	17 360	17 600	17 300
Hessen										
Steinkohle	350	370	390	390	420	340	190	210	170	170
Steinkohlenkoks	470	450	550	480	630	760	610	660	480	590
Steinkohlen-Brik.	670	560	620	600	640	750	670	500	420	380
Braunkohle	810	810	840	890	980	1 060	1 010	850	790	710
Pechkohle	—	—	—	—	—	—	—	—	—	—
Heizöl	430	570	720	1 000	1 470	1 930	2 130	2 510	2 830	3 050
Heizgas	0	0	0	0	0	0	0	100	130	160
Holz	—	—	—	—	—	—	—	—	—	—
Torf	—	—	—	—	—	—	—	—	—	—
Verbrauch, gesamt	2 730	2 760	3 120	3 360	4 140	4 840	4 610	4 830	4 820	5 060

Ziel der Untersuchung 15

noch: **Der Brennstoffverbrauch im Haushalts- und Kleinverbrauch nach Energieträgern in 1 000 t SKE**

Energieträger	1958	1959	1960	1961	1962	1963	1964	1965	1966	1967
Rheinland-Pfalz										
Steinkohle	580	560	550	560	640	580	450	340	250	260
Steinkohlenkoks ..	410	380	480	400	520	510	450	440	370	360
Steinkohlen-Brik.	170	140	160	140	140	170	130	100	90	70
Braunkohle	760	680	720	760	830	840	890	720	680	630
Pechkohle	—	—	—	—	—	—	—	—	—	—
Heizöl	360	460	590	830	1 210	1 590	1 760	2 070	2 330	2 510
Heizgas	0	0	0	0	0	0	0	30	50	50
Holz	—	—	—	—	—	—	—	—	—	—
Torf	—	—	—	—	—	—	—	—	—	—
Verbrauch, gesamt	2 280	2 220	2 500	2 690	3 340	3 690	3 680	3 700	3 770	3 880
Baden-Württemberg										
Steinkohle	790	790	880	720	900	940	510	390	290	270
Steinkohlenkoks ..	620	520	720	530	740	850	510	610	520	590
Steinkohlen-Brik.	880	770	850	810	870	1 020	970	780	660	620
Braunkohle	1 070	1 030	1 060	1 160	1 150	1 210	1 200	960	840	820
Pechkohle	—	—	—	—	—	—	—	—	—	—
Heizöl	780	1 000	1 280	1 790	2 640	3 480	3 820	4 520	5 100	5 460
Heizgas	0	0	0	0	0	0	0	210	250	270
Holz	—	—	—	—	—	—	—	—	—	—
Torf	—	—	—	—	—	—	—	—	—	—
Verbrauch, gesamt	4 140	4 110	4 790	5 010	6 300	7 500	7 010	7 470	7 660	8 030
Bayern										
Steinkohle	990	960	1 050	990	1 160	1 140	830	680	490	530
Steinkohlenkoks ..	780	780	960	900	1 130	1 090	910	880	830	810
Steinkohlen-Brik.	560	490	570	500	560	650	530	440	370	370
Braunkohle	1 520	1 390	1 370	1 510	1 570	1 620	1 620	1 290	1 080	1 070
Pechkohle	320	290	280	250	250	290	210	200	130	120
Heizöl	890	1 160	1 440	2 000	2 960	3 970	4 410	5 130	5 820	6 200
Heizgas	0	0	0	0	0	0	0	150	180	200
Holz	1 580	1 740	1 420	1 370	1 440	1 530	1 580	1 390	1 220	1 110
Torf	40	60	50	40	40	50	50	30	30	30
Verbrauch, gesamt	6 680	6 870	7 140	7 560	9 110	10 340	10 140	10 190	10 150	10 440

noch: **Der Brennstoffverbrauch im Haushalts- und Kleinverbrauch nach Energieträgern in 1 000 t SKE**

Energieträger	1958	1959	1960	1961	1962	1963	1964	1965	1966	1967
Saarland										
Steinkohle	260	210	360	370	480	450	410	400	300	310
Steinkohlenkoks	100	120	220	210	260	220	220	160	110	110
Steinkohlen-Brik.	0	0	10	0	10	10	0	0	10	10
Braunkohle	70	70	70	70	70	80	80	50	60	50
Pechkohle	—	—	—	—	—	—	—	—	—	—
Heizöl	80	100	130	180	260	330	380	430	490	530
Heizgas	0	0	0	0	0	0	0	10	10	20
Holz	—	—	—	—	—	—	—	—	—	—
Torf	—	—	—	—	—	—	—	—	—	—
Verbrauch, gesamt	510	500	790	830	1 080	1 090	1 090	1 050	980	1 030
Berlin										
Steinkohle	180	160	160	160	160	170	150	110	100	110
Steinkohlenkoks	750	700	710	660	710	750	660	630	590	510
Steinkohlen-Brik.	50	50	40	40	40	50	40	40	40	40
Braunkohle	610	550	630	570	610	690	580	550	520	450
Pechkohle	—	—	—	—	—	—	—	—	—	—
Heizöl	150	170	280	350	490	590	680	780	870	890
Heizgas	0	0	0	0	0	0	0	20	20	40
Holz	—	—	—	—	—	—	—	—	—	—
Torf	—	—	—	—	—	—	—	—	—	—
Verbrauch, gesamt	1 740	1 630	1 820	1 780	2 010	2 250	2 110	2 130	2 140	2 040

a) Die Temperatur als Einflußfaktor

Da sich die vorliegende Untersuchung mit dem Brennstoffverbrauch zu Heizzwecken befaßt, müssen bei den Berechnungen die Witterungsverhältnisse bzw. die Außentemperaturen berücksichtigt werden. Um diesen Einfluß rechnerisch erfassen zu können, wird aus der Heiztechnik und der Wetterkunde eine Maßeinheit übernommen, welche die Entwicklung der Temperaturen aufzeigt, die sogenannten Gradtage. Diese Gradtage werden jährlich vom Deutschen Wetterdienst für 26 verschiedene Meßorte in der Bundesrepublik erhoben. Sie werden errechnet aus der Anzahl der Heiztage — darunter versteht man jeden Tag, der eine mittlere Außentemperatur unter 12° C aufweist — multipliziert mit einem Faktor, der sich aus der Differenz einer sogenannten Bezugstemperatur (19° C) und der mittleren Monatsaußentemperatur (t_{am}) ergibt. 19° C gilt dabei als allgemein gültige Durchschnittstemperatur für Wohnräume. Es ist also

$$G_t = Z (19° C - t_{am})\ ^{13}$$

Diese Gradtagszahlen ermöglichen es, die Abhängigkeit des Brennstoffverbrauchs im Haushaltssektor von den unterschiedlichen Witterungsbedingungen im Zeitraum 1956—1967 graphisch darzustellen. Das folgende Diagramm zeigt diese enge Beziehung zwischen dem Brennstoffverbrauch, ausgedrückt in Mill. t SKE, und der Temperatur, ausgedrückt in Gradtagen.

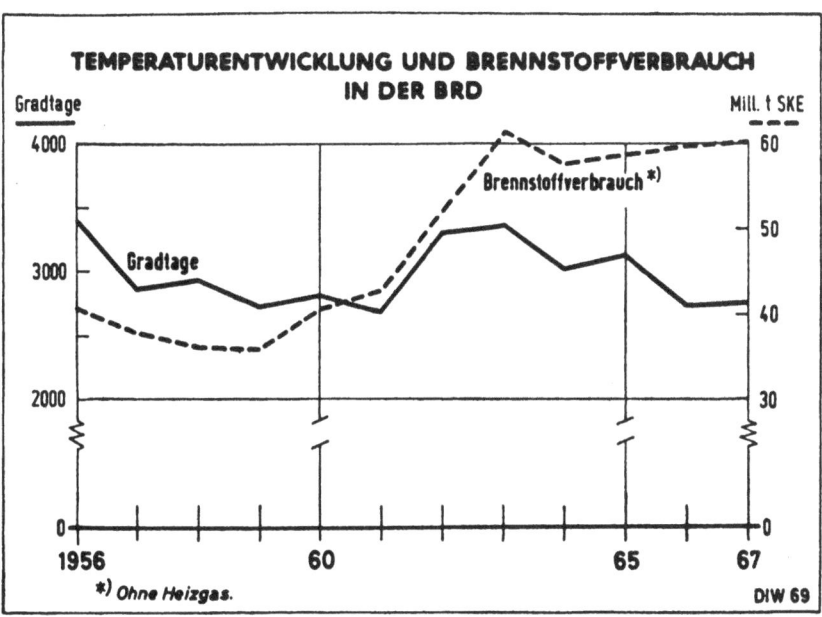

b) Die Lagerhaltung als Einflußfaktor

Wie im Abschnitt über das zugrundegelegte statistische Material erwähnt wurde, drücken diese Mengenangaben lediglich den Absatz der Energieträger, nicht den eigentlichen „Konsum"[14] aus. Dabei können zumindest bei den festen und flüssigen Brennstoffen zwischen dem Zeitpunkt der Auslieferung der Brennstoffe und dem eigentlichen Verbrauch erhebliche Zeitspannen auftreten, wobei die Länge der Zeitspanne abhängig ist von der Größe der Lagerhaltungsmöglichkeiten bei

---
[13] K. F. Holm und K. Deffner: a.a.O., S. 670.
[14] Ders.: a.a.O., S. 671.

den Verbrauchern. Zu Beginn einer Heizperiode lagern im Haushalts- und Kleinverbrauch im allgemeinen große Brennstoffvorräte, von denen jedoch am Ende des Winters meist ein nicht verbrauchter Restbestand übrigbleibt. Dieser Vorgang des Auflagernehmens in einem Jahr, des Verbrauchs dagegen erst im darauffolgenden, vermag den effektiven jährlichen Verbrauch derart zu verfälschen, daß ebenso wie der Einfluß der Temperatur auf den Brennstoffverbrauch auch der Einfluß der Lagerhaltung zu berücksichtigen ist.

3. Die Isolierung des Temperatureinflusses und des Einflusses der Lagerbestandsveränderung auf den Brennstoffverbrauch

a) Allgemeines

Da es der Einfluß der wechselnden Witterungsverhältnisse und eine sich ständig ändernde Lagerhaltung der Verbraucher erschweren, im Basiszeitraum eine kontinuierliche Entwicklung, eine Normalentwicklung des Brennstoffverbrauchs, sichtbar werden zu lassen, muß eine Temperatur- und Lagerzyklusbereinigung der empirischen Verbrauchswerte durchgeführt werden[15]. Zu diesem Zweck werden die empirischen Reihen auf bestimmte Maßgrößen bezogen. Die dabei erhaltenen Durchschnittswerte müssen die Isolierung der Einflußfaktoren ermöglichen und darüber hinaus ihrerseits prognostizierbar sein.

b) Die Wahl der Bezugsgröße

Unter Abschnitt S. 7 wurde bereits erwähnt, daß der Bereich des Haushalts- und Kleinverbrauchs ein sehr heterogener Sektor ist. Statistisch ist eine Trennung des Verbrauchs der Bereiche Haushalt, Kleingewerbe, öffentliche Gebäude etc. für die Bundesrepublik als Ganzes nur sehr unzureichend, für kleinere Regionen wie Bundesländer oder Regierungsbezirke gegenwärtig gar nicht durchführbar. Das bedeutet, daß im folgenden der Brennstoffverbrauch des ganzen Verbrauchsbereichs in Abhängigkeit von einer einzigen Bezugsgröße berechnet werden muß.

Da unter den zum Haushalts- und Kleinverbrauch gehörenden Teilbereichen der private Haushalt der wesentlichste Verbraucher ist ($\approx$ 60 vH), wird als Bezugsgröße die Zahl der Wohnungen gewählt[16]. Die Wahl der Bezugseinheit ist dabei nicht unproblematisch, da der Brennstoffverbrauch auch durch die sonstigen Bereiche des Gesamtsektors beeinflußt wird. Es erscheint jedoch vertretbar, die Berechnungen auf die Zahl der Wohnungen zu stützen, da der wirtschaftliche Zusammenhang zwischen der Entwicklung des Wohnungsbestands und der Entwicklung des Kleingewerbes sehr eng ist und nur die Wahl des Wohnungsbestands eine regionale Projektion ermöglicht.

---

[15] *R. Fuchs* u. *H. Nitzsche*: a.a.O., Heft 8, S. 2.
[16] *K. F. Holm* und *K. Deffner*: a.a.O., S. 962.

c) Die Temperaturbereinigung

Bezieht man den Brennstoffverbrauch — Gesamtbrennstoffverbrauch oder Verbrauch bestimmter Brennstoffarten — einer Region auf die gewählte Bezugsgröße, den Wohnungsbestand dieses Gebietes, so erhält man den durchschnittlichen Brennstoffverbrauch je Wohnung und Jahr:

$$\text{durchschnittlicher Brennstoffverbrauch} \quad \gamma = \frac{B}{W} = \frac{\text{Brennstoffverbrauch der regionalen Einheit}}{\text{Wohnungsbestand der regionalen Einheit}} \quad \text{in t SKE}$$

Die Entwicklung dieses durchschnittlichen Brennstoffverbrauchs ist in den folgenden zwei Diagrammen am Beispiel von Baden-Württemberg und Niedersachsen dargestellt. Zu berücksichtigen ist dabei, daß dieser durchschnittliche Brennstoffverbrauch lediglich eine Berechnungsgrundlage, eine Recheneinheit, ist und keinesfalls identisch zu sein braucht mit dem wirklichen spezifischen Brennstoffverbrauch einer bestimmten Wohnung.

Wie der absolute unterliegt auch der durchschnittliche Brennstoffverbrauch je Wohnung infolge der oben genannten Einflußfaktoren den jährlichen Schwankungen:

$$\gamma = f(T, l, t)$$

T = Außentemperatur (Gradtagszahlen)
l = Lagerbestandsveränderung
t = Zeit (Trend)

Wird der Einfluß der Lagerbestandsveränderung zunächst vernachlässigt[17], so gilt für die durchzuführende Temperaturbereinigung die Gleichung

$$\gamma = f(T, t)$$

oder in Form einer linearen multiplen Regressionsgleichung ausgedrückt:

$$y = a_0 + a_1 t_1 + a_2 T$$

Mit Hilfe dieser multiplen Regression — zwei erklärende Variable mit zweifachem linearen Ansatz —, bei der der Einfluß des Temperaturverlaufs berücksichtigt sowie eine zeitabhängige Steigerung des durchschnittlichen Verbrauchs je Wohnung unterstellt wird, ist die Temperaturbereinigung möglich. Setzt man in diese Gleichung den durchschnittlichen Temperaturwert für die Zeit 1881—1940 in Höhe von 3042 Gradtagen ein, so errechnet sich daraus der durchschnittliche Brennstoffverbrauch je Wohnung, wie er sich im Basiszeitraum bei normalen Witterungsbedingungen und unter der Annahme, daß sich die Lagerbestandsveränderungen über die Zeit ausgleichen, eingestellt hätte.

---

[17] Siehe Abschnitt S. 23.

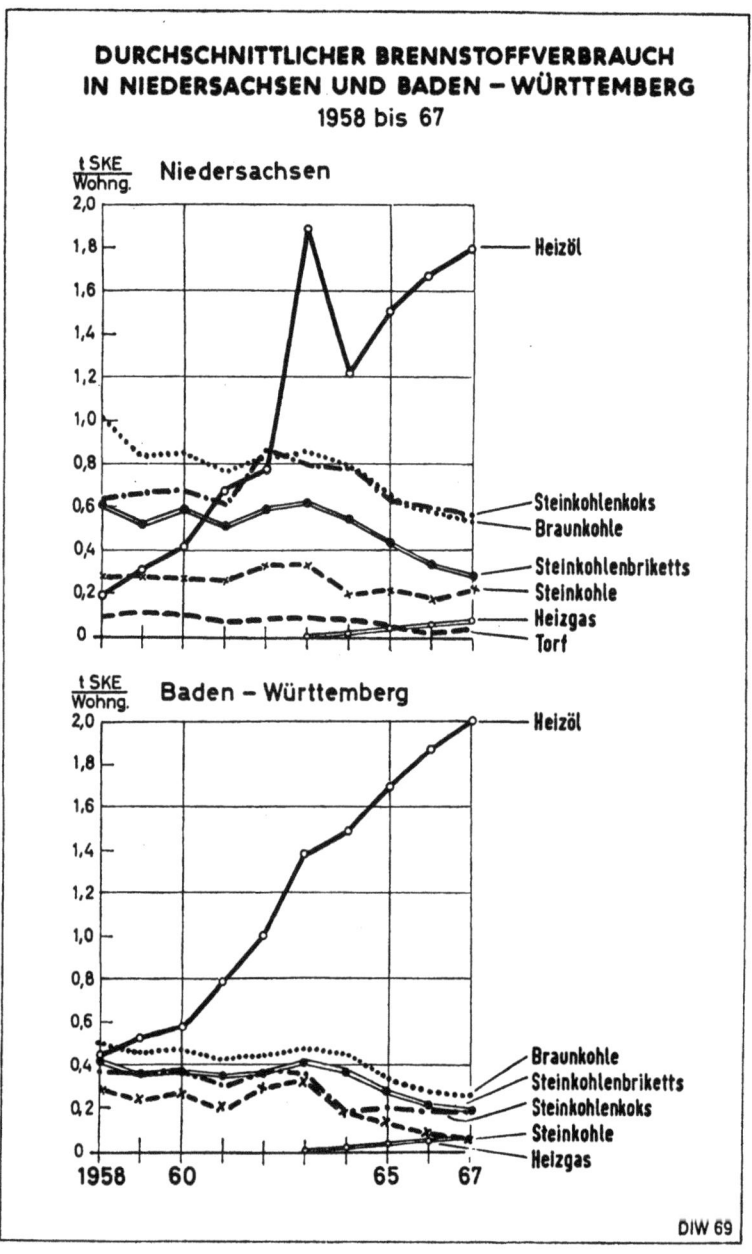

Diese „Normalentwicklung" des Brennstoffverbrauchs gibt das folgende Diagramm wieder, das einmal den durchschnittlichen Gesamtbrennstoffverbrauch je Wohnung für die Bundesrepublik als Ganzes

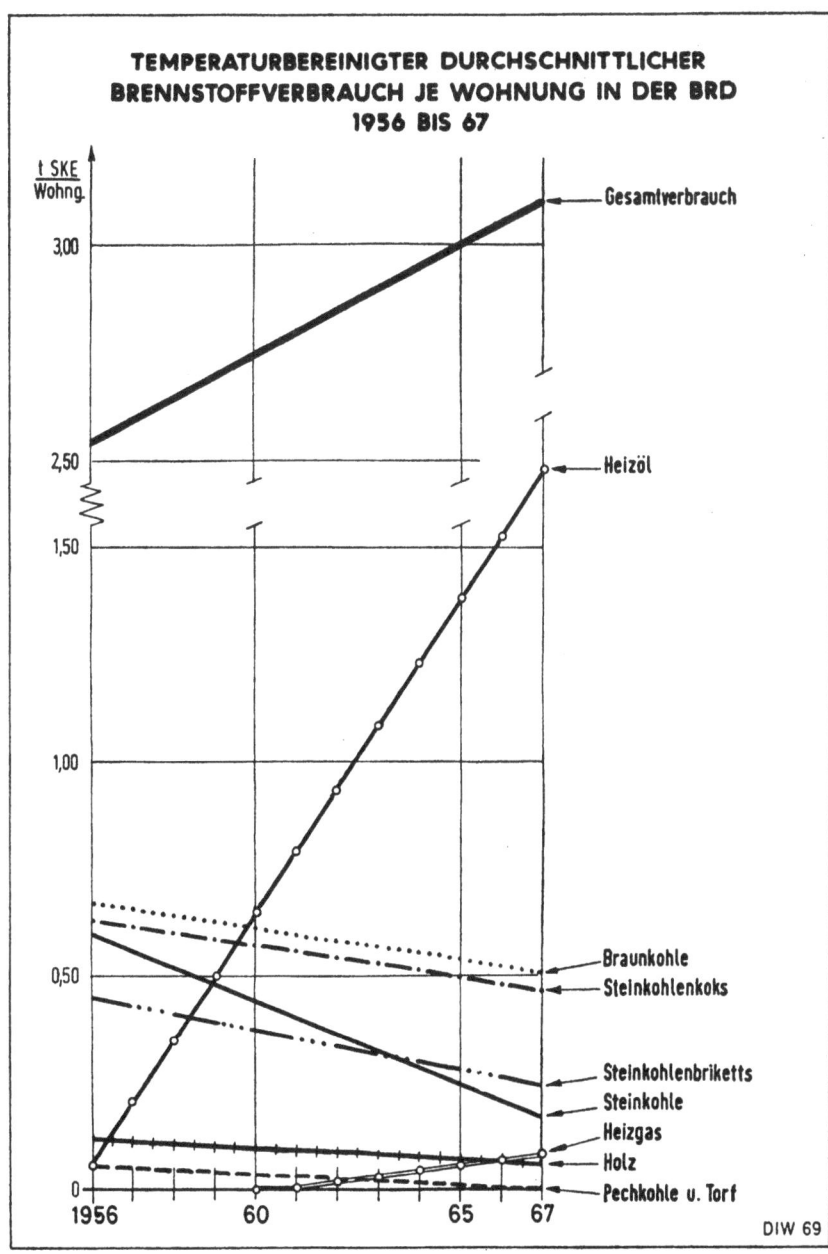

ausdrückt und zum anderen die Entwicklung des durchschnittlichen Normalverbrauchs der festen, flüssigen und gasförmigen Brennstoffe darstellt.

Es ergibt sich neben der Substitution der festen durch die flüssigen Brennstoffe im Basiszeitraum als wesentlichstes Merkmal der kontinuierliche Anstieg des durchschnittlichen Gesamtbrennstoffverbrauchs je Wohnung. Zu klären ist, ob dieser Anstieg auch künftig erwartet werden kann.

Die Ursache des Verbrauchsanstiegs ist einmal in der ständig größer werdenden Beheizungsfläche der Wohnungen zu sehen. Nicht nur, daß heute größere Wohnungen gebaut werden als noch vor einigen Jahren; vielmehr steigt die beheizte Wohnraumfläche auch aufgrund des steigenden Lebensstandards bzw. gehobenen Wohnkomforts als Folge zunehmender Behaglichkeitsbedürfnisse der Konsumenten. Diese Entwicklung führt sowohl zu einer zunehmenden Beheizungsfläche — indem z. B. mehrere Zimmer gleichzeitig beheizt werden — als auch dazu, daß in gewissem Rahmen höhere Durchschnittstemperaturen angestrebt werden. Diese Tendenzen werden sich ohne Zweifel auch in Zukunft fortsetzen, so daß man für die nachfolgenden Projektionsrechnungen ein Ansteigen des durchschnittlichen Brennstoffverbrauchs je Wohnung unterstellen kann.

Darüber hinaus findet die kontinuierliche Zunahme des durchschnittlichen Brennstoffverbrauchs seine Erklärung auch in der Umstrukturierung der Beheizungseinrichtungen der Wohnungen. Wie die folgende Tabelle für die Jahre 1955 bis 1967 zeigt, hat sich die Struktur der Beheizungseinrichtungen sehr stark verändert, wobei eine Tendenz zum

Fertiggestellte Wohnungen im Wiederauf- und Neubau und Anteil der zentral beheizten Wohnungen[1]

Jahr	Fertiggestellte Wohnungen im Neu- und Wiederaufbau	Davon mit Zentralheizung ausgestattet in vH
1955	509 893	12,2
1956	532 056	13,7
1957	500 891	15,0
1958	464 354	17,6
1959	528 269	23,0
1960	521 150	30,5
1961	513 509	36,3
1962	518 025	42,5
1963	514 308	40,0
1964	564 456	57,0
1965	535 613	65,2

[1] Statistisches Jahrbuch für die Bundesrepublik 1965, S. 76.

Übergang vom Einzelofen zur Zentralheizung festzustellen ist. Erfahrungsgemäß führt eine solche Umstellung ebenfalls zu einem höheren Brennstoffverbrauch, einmal, weil zentralbeheizte Wohnungen meist eine längere Heizdauer aufweisen (einfachere Bedienung), zum anderen steigt der Brennstoffverbrauch jedoch auch wegen der Substitution der festen Brennstoffe durch das Heizöl, wobei auch hier wieder die einfachere Bedienungsart einen höheren, weil allgemein längeren Brennstoffverbrauch zur Folge hat. Da diese Tendenz der Umstellung vom Einzelofen zur Zentralheizung in Zukunft anhalten dürfte, kann auch aus diesem Grunde im Projektionszeitraum ein weiterer Anstieg des durchschnittlichen Brennstoffverbrauchs je Wohnung erwartet werden.

d) Die Berücksichtigung des Einflusses von Lagerbestandsveränderungen

Bei der Temperaturbereinigung des Brennstoffverbrauchs wurde der Einfluß der Lagerbestandsveränderung vernachlässigt. In Hinblick auf die später folgenden Projektionsrechnungen ist zu klären, ob diese Vereinfachung zulässig ist. Es muß daher das Gewicht dieses Einflußfaktors auf Verbrauchsschwankungen im Vergleich zum Gewicht des Einflußfaktors Temperatur ermittelt werden.

Die Möglichkeit dazu bietet das auf S. 17 dargestellte Diagramm bzw. das für den Kurvenverlauf errechnete Bestimmtheitsmaß. Dieses Maß gibt im vorliegenden Fall an, zu wieviel Prozent die Abweichungen des effektiven Brennstoffverbrauchs von einer Normalentwicklung durch den Einfluß der Außentemperatur hervorgerufen werden. Die Testrechnungen ergaben, daß der Einfluß der beiden Variablen „Temperatur" und „Zeit" die Verbrauchsschwankungen bereits zu 95 vH erklären. Es ist jedoch denkbar, daß in einem, uns aber nicht bekannten Umfang diese beiden Variablen Lagerbestandsveränderungen miterfassen[18]. Dennoch wird im folgenden der Einfluß der Lagerbestandsveränderung, der nur ≤ 5 vH zu sein scheint, vernachlässigt.

Außer wegen seiner geringen Bedeutung läßt sich die Vernachlässigung des Lagereinflusses auch rechtfertigen durch die Annahme, daß sich bei mittel- bis langfristigen Projektionen die durch Lagerbestandsveränderungen hervorgerufenen Verbrauchsschwankungen ausgleichen.

4. Der bereinigte Brennstoffverbrauch 1958 bis 1967

Der temperaturbereinigte durchschnittliche Brennstoffverbrauch je Wohnung multipliziert mit dem Wohnungsbestand der entsprechenden regionalen Einheit ($B = W \cdot \gamma$) ergibt den absoluten temperaturbereinigten Brennstoffverbrauch.

---
[18] Der Regressionstyp $y = f(T, t)$ liefert zwar eine Bestimmtheit von 0.95; jedoch könnte erst ein Vergleich (z. B. der Parameter) mit einem Regressionstyp $y = f(T, t, l)$, wobei l die Lagerbestandsänderung darstellt, hierzu nähere Aufschlüsse geben.

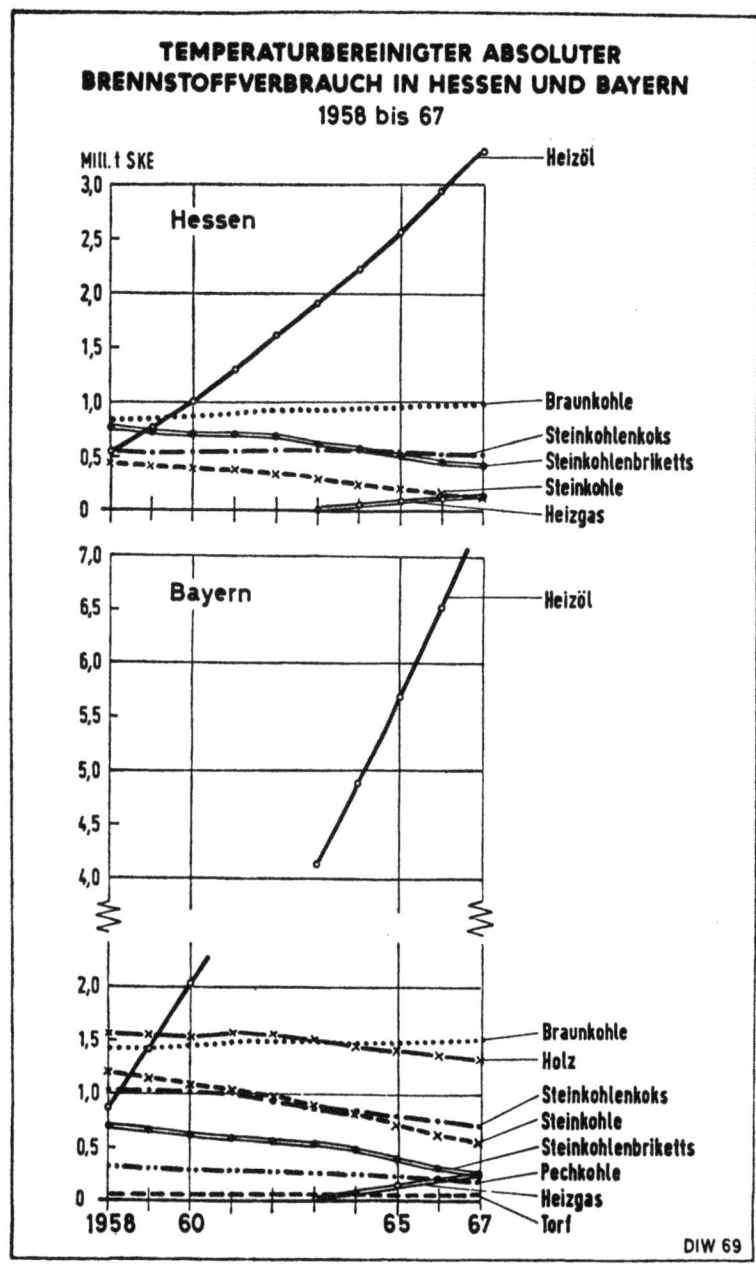

Sehr deutlich zeigt die Entwicklung des *Normalbrennstoffverbrauchs* seit 1958 eine Gewichtsverschiebung von den festen Brennstoffen zum Heizöl, wobei die Substitutionsvorgänge regional unterschiedliche Substitutionsgeschwindigkeiten erkennen lassen. Diese Substitution der Kohle durch das Heizöl hat ihren Ursprung einmal — wie anschließend noch zu zeigen sein wird — in der Preisdifferenz zwischen dem leichten Heizöl und den festen Brennstoffen. Andererseits weisen jedoch auch die Wärmeaggregate, die mit Heizöl — in neuerer Zeit auch mit Heizgas — befeuert werden, bedeutende Handhabungsvorteile in Form von Einfachheit und Sauberkeit der Bedienung (z. B. keine Asche) auf und verstärken damit den Substitutionsvorgang der festen durch die flüssigen und gasförmigen Brennstoffe. Da es sich bei diesem Substitutionsvorgang über den ganzen Basiszeitraum hinweg um eine ausgeprägte Tendenz handelt, kann diese Entwicklung mit großer Wahrscheinlichkeit auch der späteren Projektion zugrunde gelegt werden.

5. Betrachtung der bisherigen Entwicklung unter Preisgesichtspunkten

a) Allgemeines

Bevor die Projektionsrechnungen des Wachstums und der Struktur des künftigen Brennstoffverbrauchs durchgeführt werden, ist die strukturelle Veränderung auf dem Brennstoffmarkt im Basiszeitraum 1958 bis 1967 unter Preisgesichtspunkten zu analysieren. Dabei ist vor allem zu klären, ob und inwieweit die Substitutionsvorgänge zwischen festen und flüssigen Brennstoffen die Folge eindeutiger Preisvorteile einzelner Energieträger waren.

Bei wirtschaftlichen Betrachtungen im Bereich der privaten Haushalte muß dabei allerdings einschränkend berücksichtigt werden, daß Dispositionen hier, wo letztlich die entscheidende Einheit die Familie ist, nur zum Teil auf rational wirtschaftlichen Beweggründen beruhen. Emotionale Einflüsse verschiedenster Art sind manchmal von ebenso großer Bedeutung wie die eigentlichen wirtschaftlichen Faktoren.

b) Die Preisentwicklung Heizöl—Kohle—Braunkohle

Betrachtet man die Entwicklung des Verbrauchs der einzelnen Brennstoffe seit 1958, ergibt sich folgendes Bild: Einem sich vermindernden Steinkohlen-(Koks-, Brikett-)Absatz steht ein ständig zunehmender Heizölverbrauch gegenüber, der auch auf die Substitution bestehender Feuerung im privaten Haushalt zurückzuführen ist. Vor allem aber ist anzunehmen, daß das Heizöl einen bedeutenden Teil des Bedarfszuwachses an Brennstoffen auf sich gezogen hat, so daß hier von einer Substitution im eigentlichen Sinn nicht gesprochen werden kann, eher von einer antizipierten Substitution[19].

Dem zurückgehenden Steinkohlenverbrauch entspricht ein leicht verminderter Braunkohlenbrikettverbrauch. Der regional allerdings sehr

---

[19] *K.-H. Schäfer-Kunz:* „Die Substitutionskonkurrenz zwischen Steinkohle und Heizöl in der Bundesrepublik". Universität Köln 1958, unveröffentlicht.

unterschiedliche Verbrauch von Pechkohle, Holz und Torf ist insgesamt relativ konstant, seine Bedeutung ist jedoch äußerst gering.

Vergleicht man die Entwicklung auf dem Brennstoffmarkt mit der Entwicklung der entsprechenden Preise (dargestellt am Beispiel Steinkohlenkoks-, Braunkohlenbrikett-, Heizölpreise)[20], so zeigt sich ein deutlicher funktionaler Zusammenhang. Steigenden Kohlenpreisen steht ein ständiger Rückgang des Kohleverbrauchs gegenüber, fallenden Heizölpreisen ein gleichmäßiges Steigen des Verbrauchs an leichtem Heizöl.

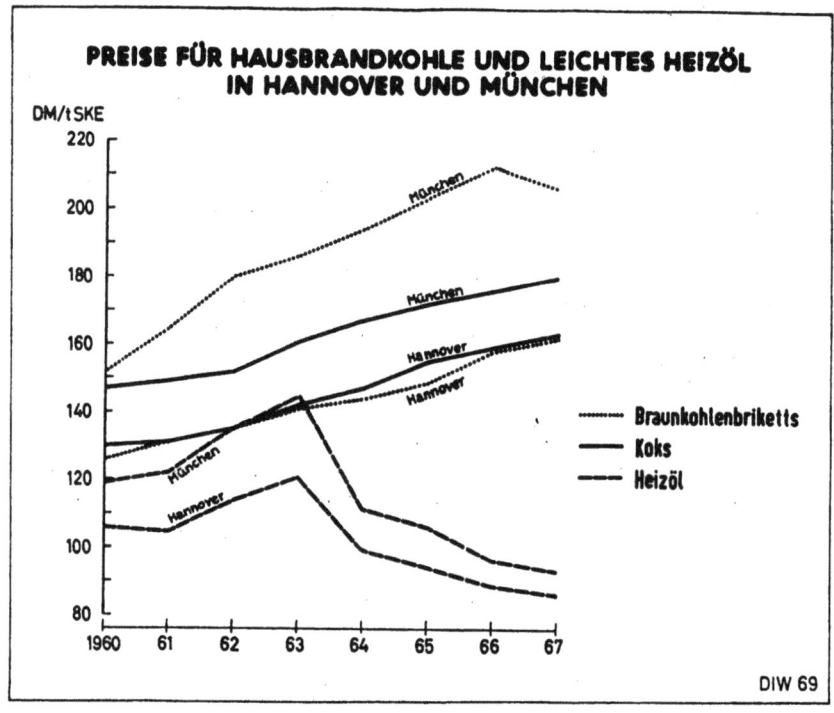

Will man die Preisentwicklung zur Absicherung der Projektionen benutzen, so muß zuvor die Preisbildung auf den Märkten der festen und flüssigen Brennstoffe analysiert werden.

Der Kohlenmarkt ist in der Vergangenheit wenig den Bedürfnissen des Wettbewerbs angepaßt gewesen. Vielmehr war er vorwiegend nach politischen und sozialen Gesichtspunkten ausgerichtet[21]. Hinsichtlich Preisbeweglichkeit und Anpassungsfähigkeit der Kohlenanbieter an

---

[20] Bundesministerium für Wirtschaft: „Daten zur Entwicklung der Energiewirtschaft in der BRD", Jhg. 1967, S. 16.
[21] *K.-H. Schäfer-Kunz:* a.a.O., unveröffentlicht.

Ziel der Untersuchung

Marktveränderungen traten große Schwierigkeiten als Folge des Montanvertrages[22] auf, der die Möglichkeit der Marktanpassung stark einschränkte. Außerdem wird die deutsche Kohle, bedingt durch die Struktur der Absatzorganisation, zu einem festen Listenpreis angeboten, der sich keinesfalls nach den Verhältnissen des Marktes richtet[23], sondern eindeutig durch die Kosten des Anbieters bestimmt ist. Diese Kosten aber sind in den letzten Jahren trotz großer Mechanisierung im Bergbau gestiegen und haben dadurch die Wettbewerbssituation der Kohle immer schlechter werden lassen.

Der Heizölmarkt hat sich demgegenüber anders entwickelt. Anfangs war die Zahl der Nachfrager sehr gering, und damit auch die Zahl der Anbieter. Erst als sich zeigte, daß der deutsche Brennstoffmarkt als großer Verbraucherbereich für die Heizölproduzenten interessant wurde, vergrößerte sich mit der Zahl der Verbraucher auch die Zahl der Heizölanbieter. Es bildete sich ein Wettbewerbsmarkt, wo einer Vielzahl von Heizölkonsumenten eine große Zahl von Anbietern gegenübersteht[24].

Die Preisbildung des Heizöls auf diesem Markt ist dabei nicht nur wie bei der Steinkohle von den Erzeugungskosten, den Raffineriedurchsatzkosten, abhängig[25], sondern in erster Linie von der Marktsituation. Das Geschehen auf dem Weltmarkt für Mineralöle wurde in der Vergangenheit einmal gekennzeichnet durch fallende Rohölpreise aufgrund stetig neu entdeckter und erschlossener Lagerstätten[26], was zu fallenden Heizölpreisen geführt hat; zum anderen wurden dem deutschen Verbraucher große, auf dem Weltmarkt überschüssige Mengen an leichtem Heizöl angeboten, was ebenfalls ein Sinken der Preise bewirkt hat. Letztlich ergab diese Entwicklung, daß sich die Verbraucherpreise für leichtes Heizöl wärmewertmäßig erheblich unterhalb der Steinkohlenpreise einpendelten[27] und so zu dem Substitutionsprozeß Kohle — Heizöl führten.

Bei der Entwicklung des Absatzes von Braunkohlenbriketts dagegen dürfte die Preisrelation Braunkohle : Heizöl keine so große Bedeutung gehabt haben wie bei der Substitution der Steinkohle. Weil Braunkohlenbriketts hauptsächlich in Einzelöfen verwendet werden, ist die Möglichkeit der Verdrängung durch das Heizöl hier wesentlich geringer.

Da sich die aufgezeigten Tendenzen in Zukunft wahrscheinlich nicht wesentlich verändern werden, ist die Analyse der künftigen Marktentwicklung unter Preisgesichtspunkten eine Ergänzung zu den Projektionsrechnungen (s. Abschn. S. 47 ff.).

---

[22] *M. Liebrucks:* „Grundlinien der Energiepolitik in der Bundesrepublik Deutschland nach 1950". Studie für die japanische Regierung, S. 15.
[23] *K. Förster:* „Allgemeine Energiewirtschaft". Berlin 1965, S. 199.
[24] *K.-H. Schäfer-Kunz:* a.a.O., S. 151, unveröffentlicht.
[25] *G. Ch. Fuchs:* „Untersuchung über die jetzige und künftige Stellung des Erdgases in der Energiewirtschaft der Bundesrepublik". Dissertation, Aachen 1965, S. 87.
[26] *M. Liebrucks:* „Corrigendum zum Energiegutachten 1961". Berlin 1966, S. 22.
[27] *G. Ch. Fuchs:* a.a.O., S. 87.

Die Projektion des Brennstoffverbrauchs

I. Der Projektionszeitraum

Die folgenden Projektionsrechnungen umfassen einen Zeitraum von 8 Jahren; die Daten sind ausgewiesen für die Jahre 1970 und 1975. Bei der Festlegung des Zieljahres wird unterstellt, daß es für diesen Zeitraum möglich ist, diejenigen Faktoren ausreichend genau zu determinieren, die Wachstum und Struktur des Brennstoffverbrauchs beeinflussen.

II. Die Methode der Vorausschätzung

Die Projektionsrechnungen werden mit Hilfe von Regressionsanalysen durchgeführt. Die Voraussetzungen dieses Projektionsverfahrens sowie die Wahl des Basiszeitraums für die Länge der empirischen Reihen dieser Variablen (1958—1967) wurden in Abschnitt IV. besprochen.

Die zur Projektion dienenden Regressionsanalysen werden im allgemeinen auf einfache Beziehungen mit einer Variablen, im Falle der temperaturbereinigten Projektion des durchschnittlichen Brennstoffverbrauchs je Wohnung mit zwei Variablen, beschränkt. Die verwendeten Bestimmungsgleichungen sind dabei die folgenden:

Erklärte Variable	Erklärende Variable	Art der Funktion	Statistische Kriterien
1. Anteil d. Bevölkerung des Reg.-Bezirks am Bundesland	Zeit	linear $y = a + bt$	Bestimmtheitsmaß
2. Personenbestand je Wohnung	Zeit	logarithm.-linear $y = a + be^{ct}$	Bestimmtheitsmaß
3. durchschnittlicher Brennstoffverbrauch je Wohnung	Temperatur, Zeit	$y = a_0 + a_1 t + a_2 T$	Bestimmtheitsmaß

Bei der Entscheidung darüber, welcher Funktionstyp im jeweiligen Fall für die Projektionsrechnungen verwendet werden soll, hilft ein Testprogramm[28]. Mit diesem Rechenprogramm werden stets mehrere mögliche Funktionen, mindestens jedoch ein linearer und ein exponentieller Kurvenverlauf geprüft, und nach zwei Kriterien wird dann die

---

[28] *M. Liebrucks:* „Ein Projektionsmodell der Industrie der BRD unter energiewirtschaftlichen Gesichtspunkten", unveröffentlicht.

Entscheidung über die zu wählende Funktion getroffen. Diese Kriterien sind:

1. Der Grad der erzielten Anpassung der Funktionswerte an die empirischen Werte.
2. Der Streuungsbereich der Projektionen, Parametersicherung über die t-Verteilung[29].

Mit Hilfe der den Projektionen zugrunde liegenden Regressionen wird der Zusammenhang zwischen zwei oder mehreren Variablen quantitativ bestimmt. Dabei handelt es sich jedoch nicht um die Ermittlung einer mathematischen Funktionalbeziehung, sondern nur um die Bestimmung eines statistischen Zusammenhangs nach der Methode der kleinsten Quadrate[30].

Die errechneten Beziehungen gelten nur näherungsweise, so daß man die statistische Theorie zu Hilfe nehmen muß, die es ermöglicht, den Genauigkeitsgrad der Vorausschätzung zu beurteilen, d. h. also, „während sich die Regressionsanalyse mit der Art des Zusammenhangs befaßt, wird durch eine Korrelationsanalyse der Grad des Zusammenhangs bestimmt. Der Grad kann mit Hilfe des Bestimmtheitsmaßes oder des Korrelationskoeffizienten gemessen werden"[31].

Die bei den Projektionsrechnungen erreichten Genauigkeitsgrade sind bei den jeweiligen Übersichten über die verwendeten Funktionen aufgeführt.

III. Die Projektionsrechnungen

Wie im Abschnitt IV. 2 dargelegt wurde, hängt der regionale Brennstoffverbrauch im Haushaltssektor u. a. ab

von der regional unterschiedlichen
Außentemperatur .... T (in Gradtagen)
von der Zahl der Wohnungen .... W
von dem durchschnittlichen
Brennstoffverbrauch je Wohnung .... γ (in t SKE)

Die erklärenden Variablen werden berechnet nach

$\gamma = f$ (Temperatur, Zeit)
$W = f$ (Bevölkerungszahl, Personendichte je Wohnung).

Eine simultane Projektion des künftigen regionalen Brennstoffverbrauchs bedingt demzufolge eine regionale Projektion dieser drei Faktoren T, W und γ.

---

[29] *J. Pfanzagl:* „Allgemeine Methodenlehre der Statistik I". Sammlung Göschen 1966, S. 57.
[30] *J. Pfanzagl:* „Allgemeine Methodenlehre der Statistik II". Sammlung Göschen 1966, S. 73/74.
[31] *E. Weber:* „Grundlagen der biologischen Statistik". Stuttgart 1967, S. 360.

1. Zur künftigen Temperaturentwicklung

Eine Voraussage über die künftigen Außentemperaturen ist nicht möglich. Daher werden — wie bereits bei der Temperaturbereinigung der empirischen Werte — statt der zu erwartenden Temperaturen die sog. „Normaltemperaturwerte" der Vergangenheit, die den oben erwähnten Gradtagszahlen entsprechen, in der Rechnung verwendet. Es wird also angenommen, daß die Entwicklung der Normaltemperatur bis 1975 keine Abweichungen von der Durchschnittstemperatur der Periode 1881/1940 aufweisen wird.

Dabei tritt insofern ein statistischer Mangel auf, als sich bei dem Vergleich der Grenzen der Temperaturmeßbezirke und der Abgrenzungen der Regierungsbezirke in einigen Fällen Abweichungen ergeben. Da T (Temperatur) in den Projektionsrechnungen für alle 38 Regierungsbezirke verwendet wird, jedoch insgesamt nur 26 Temperaturmeßbezirke vorhanden sind, müssen in einigen Fällen regionale Zusammenfassungen und Überschneidungen in Kauf genommen werden. Dies trifft für folgende Regionen zu: Temperaturmeßpunkt Hannover gilt z. B. für die Regierungsbezirke Hannover, Hildesheim, Braunschweig und Lüneburg. Meßpunkt Bremen für die Regierungsbezirke Oldenburg, Aurich, Stade usw. Vgl. Tabelle S. 31. Bei dieser Zuordnung einzelner Regierungsbezirke ohne eigenen Temperaturmeßpunkt wird von klimatischen Verhältnissen ausgegangen, d. h. einem Regierungsbezirk a im Bundesland A wird ein Meßpunkt im Land B zugeteilt, wenn angenommen werden kann, daß dieser Meßpunkt für den entsprechenden Regierungsbezirk charakteristischer ist als ein im Bundesland A liegender (Beispiel: Meßpunkt Bremen statt Hannover für Regierungsbezirk Aurich, Stade, Oldenburg).

In zwei Fällen sind darüber hinaus für einen Regierungsbezirk jeweils zwei Temperaturmeßpunkte vorhanden — Südwürttemberg mit Stuttgart und Friedrichshafen, und Regierungsbezirk Oberbayern mit Meßpunkt München und Garmisch-Partenkirchen. In diesen Fällen wird als durchschnittlicher Gradtagswert 1881/1940 gleichfalls derjenige eingesetzt, der für den entsprechenden Regierungsbezirk als repräsentativ angesehen werden kann.

2. Die Projektion des regionalen Wohnungsbestands

a) Allgemeines

Die Entwicklung des regionalen Wohnungsbestands wird in der vorliegenden Studie — wie angedeutet — als Funktion der Entwicklung der absoluten Bevölkerungszahl und der Personenzahl je Wohnung ermittelt. $W = f(\text{Bev.}, P)$.

Andere Einflußfaktoren, wie z. B. Entwicklung des Einkommens der privaten Haushalte oder die Wohnungsbauförderung des Staates, werden bei den folgenden Berechnungen nicht berücksichtigt.

Bundesland	Regierungsbezirke	Meßpunkt	⌀ Gradtagszahl 1881/1940
Schleswig-Holstein	Kiel	Kiel	3 660
Hamburg	Hamburg	Hamburg	3 350
Bremen	Bremen	Bremen	3 148
Niedersachsen	Hannover, Hildesheim Braunschweig, Lüneburg	Hannover	3 249
	Osnabrück	Münster	3 130
	Oldenburg, Stade, Aurich	Bremen	3 148
Saarland	Saar	Saarbrücken	3 319
Nordrhein-Westfalen	Aachen	Aachen	3 070
	Düsseldorf	Essen	3 050
	Köln	Köln	3 010
	Münster	Münster	3 130
	Arnsberg	Kassel	3 450
	Detmold	Salzuflen	3 290
Hessen	Wiesbaden, Darmstadt	Frankfurt	3 005
	Kassel	Kassel	3 450
Baden-Württemberg	Südbaden	Freiburg	2 917
	—	Friedrichshafen	3 360
	Nordbaden	Karlsruhe	2 952
	Nord-+Südwürttemberg Hohenz.	Stuttgart	3 050
Bayern	Schwaben	Augsburg	3 663
	—	Garmisch	3 963
	Oberfranken	Hof	4 369
	Oberbayern	München	3 626
	Mittelfranken	Nürnberg	3 513
	Niederbayern	Passau	3 745
	Oberpfalz	Regensburg	3 718
	Unterfranken	Würzburg	3 340
Rheinland-Pfalz	Koblenz, Trier	Trier	3 150
	Rheinhessen, Montabaur	Frankfurt	3 005
	Pfalz	Saar	3 319
Berlin	Berlin	Berlin	3 413

b) Die voraussichtliche Entwicklung der Bevölkerung

Die Angaben über die künftige Entwicklung der Bevölkerung sind — soweit es zumindest die Bundesländer betrifft — einer Studie der Prognos AG, Basel[32], entnommen worden. Um die für eine Regionalanalyse auf Regierungsbezirksebene benötigten entsprechenden Projektionswerte zu bekommen, muß diese Bevölkerungsprojektion erweitert werden. Dies geschieht durch Berechnung des Bevölkerungsanteils eines Regierungsbezirks an der Bevölkerungszahl des entsprechenden Bundeslandes. Die empirischen Anteilswerte werden für die Zeit 1956 bis 1967 ermittelt und in die Zukunft projiziert. Durchgeführt werden diese Anteilsprognosen mit einfachen linearen Regressionen in Abhängigkeit von der Zeit.

Erklärte Variable	Erklärende Variable	Art der Funktion	Statistische Kriterien
A = Anteil der Bevölkerung des Reg.-Bezirks x an der Bevölkerung des Bundeslandes y	Zeit	linear $y = a + bt$	Die Bestimmtheitsmaße lagen bei den Berechnungen zwischen 0,701 im ungünstigsten und 0,997 im günstigsten Fall und konnten damit als abgesichert gelten.

Da für die Bundesländer Bevölkerungsprognosen vorhanden sind, können über die projizierten Anteile die künftigen Bevölkerungszahlen sämtlicher Regierungsbezirke berechnet werden (s. Tabellen). Die Ergebnisse zeigen dabei ein im allgemeinen gleichmäßiges Bevölkerungswachstum. Nur in den ländlichen Regierungsbezirken Oberfranken und Niederbayern, in dem der Zonengrenze nahegelegenen Regierungsbezirk Kassel und im Land Berlin läßt sich ein Rückgang der künftig zu erwartenden Bevölkerungszahl feststellen.

c) Die Projektion der künftigen Entwicklung der Personenzahl je Wohnung

Die zweite Bestimmungsgröße für die Berechnung des künftigen Wohnungsbestands, die Zahl der Personen je Wohnung P, wird ermittelt nach:

$$P = \frac{\text{Zahl der Personen im Regierungsbezirk}}{\text{Anzahl der Wohnungen im Regierungsbezirk}}$$

Die Entwicklung dieser Variablen P im Basiszeitraum läßt sich ebenfalls aus den entsprechenden Tabellen ersehen. Sie zeigt einen — wenn

---

[32] Prognos report Nr. 1: „Die Bundesrepublik Deutschland 1980". Basel 1965, Tabelle 20.

regional auch unterschiedlich deutlichen — Rückgang des Personenbestands je Wohnung.

Für die Zukunft wird dieser tendenzielle Rückgang von P weiterhin erwartet und daher, unter Berücksichtigung des degressiven Verlaufs der empirischen Werte, den Projektionsrechnungen zugrunde gelegt.

Erklärte Variable	Erklärende Variable	Art der Funktion	Statistische Kriterien
Personenbestand pro Wohnung	Zeit	linear exponentiell logistisch	Die Bestimmtheitsmaße lagen zwischen 0,917 und 0,999.

Die Ergebnisse der Projektionen zeigen, daß in den 38 Regierungsbezirken die Zahl der Personen je Wohnung auch künftig recht unterschiedlich sein wird. Einer Belegung der Wohnungen z. B. im Jahre 1970 mit 3,22 Personen im Regierungsbezirk Niederbayern oder 3,39 im Regierungsbezirk Aurich stehen im Land Berlin mit 2,10 Personen/Wohnung wesentlich geringere Werte gegenüber. Allgemein ergibt sich aus den Projektionen, daß Bundesländer bzw. Regierungsbezirke mit vorwiegend ländlichem Charakter einen wesentlich höheren Personenbestand je Wohnung aufweisen als etwa die drei Stadtstaaten Berlin, Hamburg und Bremen.

d) Der künftige regionale Wohnungsbestand

Mit Hilfe der Variablen Personenbestand je Wohnung und der künftigen Bevölkerungszahl wird der künftige Wohnungsbestand in den 38 Regierungsbezirken berechnet:

$$W = \frac{\text{künftige Bevölkerungszahl im Reg.Bezirk}}{\text{künftiger Personenbestand/Wohnung im Reg.Bezirk}}$$

Die Übersichten enthalten die Ergebnisse der Wohnungsbestandsprojektionen. Mit Ausnahme der vier bereits erwähnten Regierungsbezirke ist in allen anderen Regionen ein relativ gleichmäßiges Wachstum zu verzeichnen.

Für das gesamte Bundesgebiet ergaben die Projektionen einen Bestand für 1970 von rund 21,2 Mill., für 1975 von rund 23,4 Mill. Wohnungen. Im Jahresdurchschnitt 1968 belief sich der Wohnungsbestand auf reichlich 20,3 Mill. Wohnungen, die Projektion impliziert somit Bestandszugänge in einer Größenordnung von rund 450 000 Wohnungen jährlich.

Berücksichtigt man, daß die Abrisse im Rahmen von Sanierungsmaßnahmen künftig zweifellos einen größeren Umfang erreichen werden als bisher, so ist damit unterstellt, daß auch in den nächsten sieben Jahren im Durchschnitt rund 500 000 Wohnungen jährlich gebaut werden.

Voraussichtliche Zahl der Wohnungen, der Bevölkerung und der Personen je Wohnung in den Regierungsbezirken im Jahre 1970

Gebiet	Wohnungen in 1 000	Bevölkerung[1]) in 1 000	Anteil d. Bev. d. Reg. Bez. an d. Bev. d. Landes[2]) in vH	Personen pro Wohnung
Schleswig-Holstein	885,3	2 471,0		2,791
Hamburg	695,4	1 870,0		2,689
Niedersachsen	2 424,8	7 094,1		
Hannover	572,1	1 567,8	22,1	2,740
Hildesheim	340,1	971,9	13,7	2,858
Braunschweig	342,3	872,6	12,3	2,549
Oldenburg	264,9	837,1	11,8	3,160
Lüneburg	353,3	1 064,1	15,0	3,012
Stade	191,2	603,0	8,5	3,153
Osnabrück	241,8	773,2	10,9	3,198
Aurich	119,1	404,4	5,7	3,396
Bremen	290,7	744,0		2,559
Nordrhein-Westfalen	5 829,7	17 061,0		
Aachen	367,3	1 023,7	6,0	2,787
Düsseldorf	1 962,0	5 715,4	33,5	2,913
Köln	851,0	2 743,8	14,5	2,907
Münster	763,0	2 405,6	14,1	3,153
Arnsberg	1 321,7	3 736,4	21,9	2,827
Detmold	564,7	1 706,1	10,0	3,021
Hessen	1 885,9	5 171,8		
Darmstadt	612,8	1 751,2	33,9	2,858
Kassel	458,7	1 281,3	24,8	2,793
Wiesbaden	814,4	2 139,3	41,3	2,627
Rheinland-Pfalz	1 344,3	3 686,8		
Koblenz	412,1	1 106,1	30,0	2,684
Trier	163,2	475,6	12,9	2,915
Montabaur	94,8	276,5	7,5	2,915
Rheinhessen	176,8	494,0	13,4	2,794
Pfalz	497,4	1 334,6	36,2	2,683
Baden-Württemberg	2 945,2	8 603,7		
Südbaden	578,3	1 807,9	21,0	3,126
Nordwürttemberg	1 177,8	3 393,1	39,4	2,881
Südwürttemberg	510,6	1 555,2	18,1	3,046
Nordbaden	678,5	1 847,5	21,5	2,723
Bayern	3 452,6	10 326,7		
Oberpfalz	302,0	929,4	9,0	3,077
Schwaben	489,0	1 476,7	14,3	3,020
Oberbayern	1 102,7	3 222,0	31,2	2,922
Niederbayern	296,2	960,4	9,3	3,242
Unterfranken	372,1	1 177,2	11,4	3,164
Oberfranken	371,0	1 094,6	10,6	2,950
Mittelfranken	519,6	1 466,4	14,2	2,822
Saarland	417,9	1 162,0		2,780
Berlin	1 005,6	2 113,0		2,101

[1]) Bevölkerung in den Bundesländern nach: Prognos report Nr. 1 „Die Bundesrepublik 1980", Basel 1965. — [2]) Gerundete Werte.

Voraussichtliche Zahl der Wohnungen, der Bevölkerung und der Personen je Wohnung in den Regierungsbezirken im Jahre 1975

Gebiet	Wohnungen in 1 000	Bevölkerung[1]) in 1 000	Anteil d. Bev. d. Reg. Bez. an d. Bev. d. Landes[2]) in vH	Personen pro Wohnung
Schleswig-Holstein ..	971,6	2 531,0		2,605
Hamburg	767,2	1 865,0		2,431
Niedersachsen	2 721,4	7 282,0		
Hannover	658,5	1 616,6	22,2	2,455
Hildesheim	366,9	983,1	13,6	2,679
Braunschweig	385,8	881,1	12,1	2,284
Oldenburg	290,0	866,6	11,9	2,988
Lüneburg	396,6	1 114,1	15,3	2,809
Stade	212,7	604,4	8,3	2,842
Osnabrück	287,6	801,0	10,9	2,785
Aurich	123,3	415,1	5,7	3,366
Bremen	334,7	755,0		2,256
Nordrhein-Westfalen	6 316,8	17 442,1		
Aachen	442,4	1 064,0	6,1	2,405
Düsseldorf	2 056,0	5 808,2	33,3	2,825
Köln	988,1	2 651,2	15,2	2,683
Münster	818,9	2 441,9	14,0	2,982
Arnsberg	1 407,6	3 750,0	21,5	2,664
Detmold	603,8	1 726,8	9,9	2,860
Hessen	2 063,6	5 266,0		
Darmstadt	670,1	1 829,9	34,7	2,731
Kassel	494,6	1 263,7	24,0	2,555
Wiesbaden	898,9	2 172,7	41,3	2,417
Rheinland-Pfalz	1 552,5	3 811,9		
Koblenz	501,8	1 151,2	30,2	2,294
Trier	193,3	476,5	12,5	2,465
Montabaur	103,3	285,9	7,5	2,767
Rheinhessen	198,1	518,4	13,6	2,617
Pfalz	556,0	1 379,9	36,2	2,482
Baden-Württemberg	3 339,6	8 901,8		
Südbaden	644,5	1 870,9	21,0	2,903
Nordwürttemberg .	1 357,0	3 530,9	39,7	2,602
Südwürttemberg ..	568,8	1 607,4	18,0	2,826
Nordbaden	769,3	1 892,6	21,3	2,460
Bayern	3 683,2	10 613,7		
Oberpfalz	318,8	944,6	8,9	2,963
Schwaben	521,9	1 517,9	14,3	2,908
Oberbayern	1 220,8	3 427,9	32,3	2,808
Niederbayern	293,9	933,9	8,8	3,177
Unterfranken	393,5	1 209,8	11,4	3,074
Oberfranken	372,2	1 071,9	10,1	2,880
Mittelfranken	562,1	1 507,0	14,2	2,681
Saarland	1 198,0	471,1		2,543
Berlin	2 041,0	1 175,0		1,737

[1]) Bevölkerung in den Bundesländern nach: Prognos report Nr. 1 „Die Bundesrepublik 1980", Basel 1965. — [2]) Gerundete Werte.

Ein solches Ergebnis mag zunächst überraschen; es ist jedoch durchaus kompatibel mit Vorstellungen über die zukünftige Entwicklung der preisbereinigten Wohnungsbauinvestitionen, für die in dem zur Debatte stehenden Zeitraum immer noch jährliche Wachstumsraten von + 1 vH erwartet werden. Berücksichtigt man den Trend zur größeren und besser ausgestatteten Wohnung, so ist diese Entwicklung in etwa gleichbedeutend mit einem Rückgang der Zahl der gebauten Wohnungen von 4 vH jährlich. Bezogen auf den Durchschnitt der fertiggestellten Wohnungen in den Jahren 1966—1968 (rund 560 000) ergibt sich daraus etwa der gleiche Periodendurchschnitt von rund 500 000 Neubauten für den Zeitraum 1969—1975.

3. Die Projektion des durchschnittlichen Brennstoffverbrauchs je Wohnung

Zur Projektion des durchschnittlichen temperaturbereinigten Brennstoffverbrauchs je Wohnung wird die multiple Regression ersten Grades verwendet, die bereits zur Temperaturbereinigung eingesetzt wurde:

$$\gamma = a_0 + a_1 t + a_2 T$$

$t = $ Zeit

$T = $ Temperatur

Dabei muß jedoch folgendes berücksichtigt werden: Die empirischen Brennstoffverbrauchsdaten waren im Basiszeitraum 1958—1967 nur für die Bundesländer zu ermitteln gewesen (s. Abschnitt IV. S. 13—16); demzufolge konnte auch der durchschnittliche Brennstoffverbrauch je Wohnung im Basiszeitraum nur für die 11 Bundesländer errechnet werden.

Zur Projektion des durchschnittlichen Brennstoffverbrauchs in den Regierungsbezirken wird jedoch angenommen, daß die Abweichungen des durchschnittlichen Brennstoffverbrauchs je Wohnung eines Regierungsbezirks von dem entsprechenden Durchschnittswert des Bundeslandes nicht ins Gewicht fallen, so daß die für die 11 Bundesländer geltenden Werte auch für die entsprechenden Regierungsbezirke verwendet werden können.

In den folgenden zwei Schemata ist noch einmal kurz der Verfahrensgang bei der Projektion des durchschnittlichen Brennstoffverbrauchs je Wohnung und des absoluten Brennstoffverbrauchs dargestellt.

Mit Hilfe dieses schrittweisen Vorgehens werden die künftigen durchschnittlichen Heizöl-Kohle-Koks-Verbrauchsmengen je Wohnung in den 38 Regierungsbezirken errechnet.

Die Projektion des Brennstoffverbrauchs

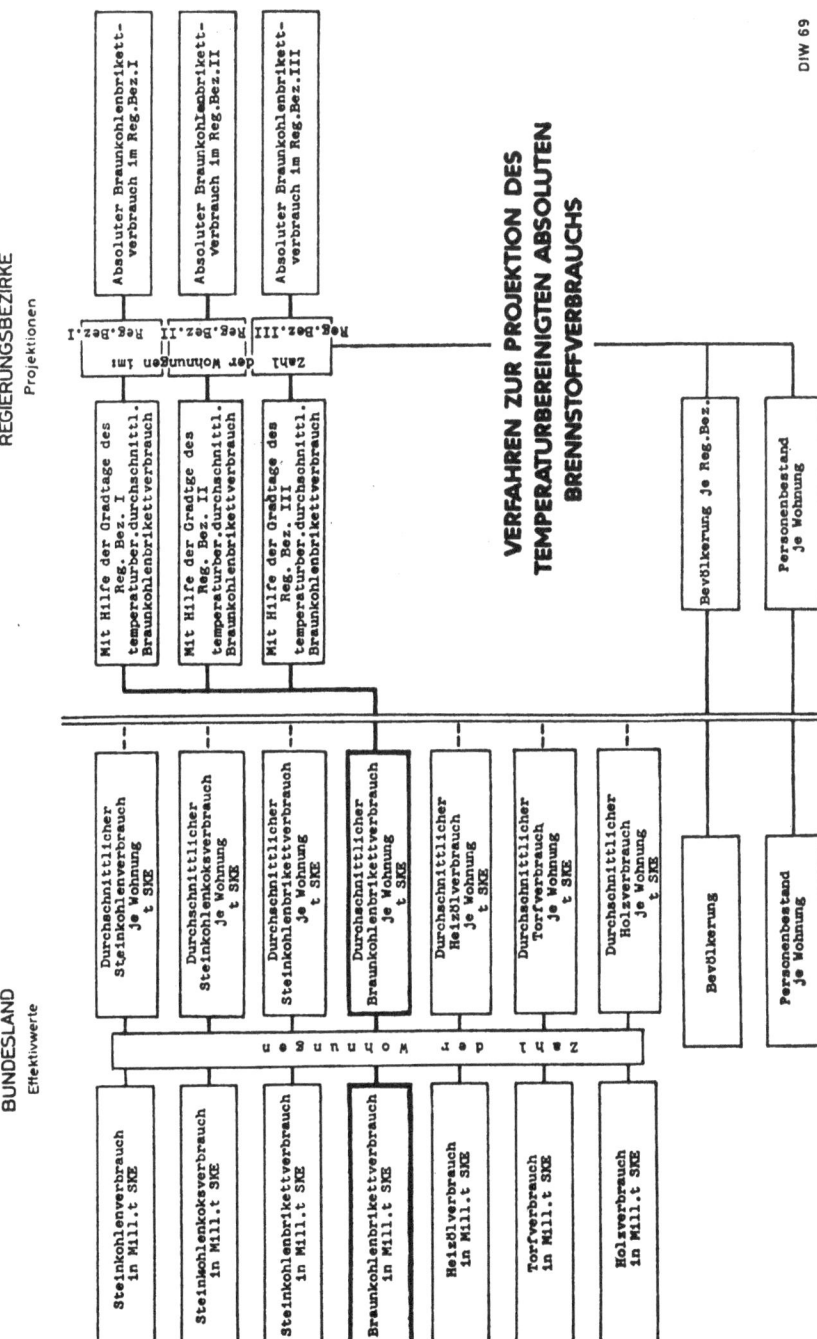

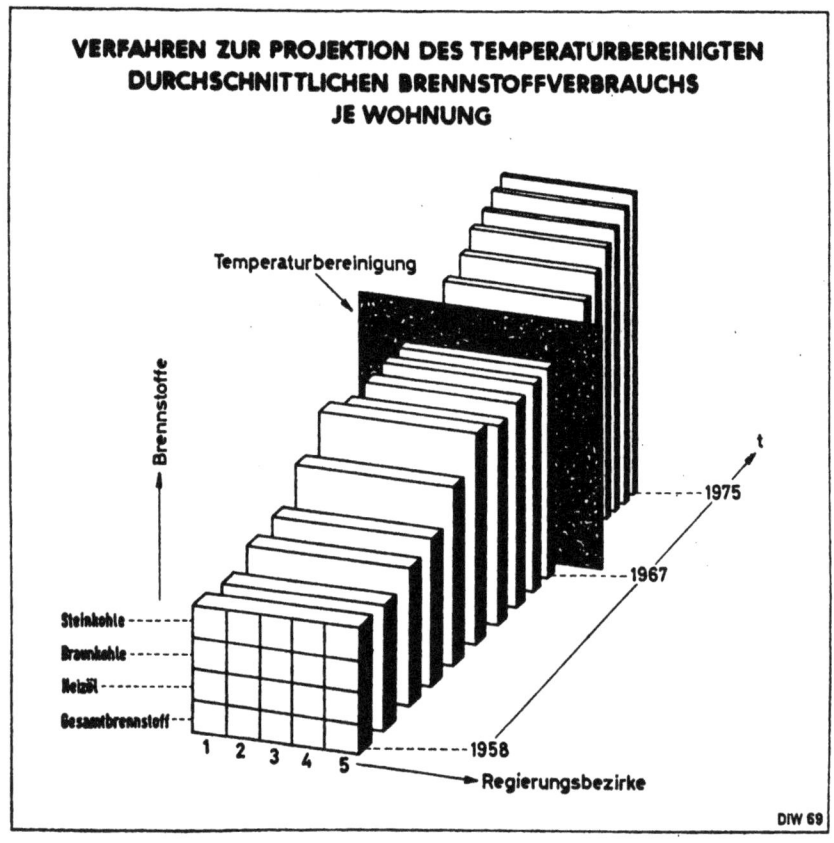

4. Die Ermittlung des künftigen absoluten Brennstoffverbrauchs in den 38 Regierungsbezirken

Mit Hilfe des oben ermittelten künftigen regionalen Wohnungsbestands W und des in Zukunft zu erwartenden temperaturbereinigten durchschnittlichen Brennstoffverbrauchs je Wohnung läßt sich der absolute Verbrauch eines Energieträgers in den Regierungsbezirken wie folgt berechnen:

Absoluter Brennstoffverbrauch $B = W \cdot \gamma = $ Wohnungszahl $\times$ durchschnittlicher Brennstoffverbrauch je Wohnung.

Die Ergebnisse sind in den folgenden Tabellen enthalten.

Der voraussichtliche Brennstoffverbrauch im Haushalts- und Kleinverbrauch im Jahre 1970
in 1 000 t SKE

Gebiet	Steinkohle	Steinkohlenkoks	Steinkohlenbriketts	Braunkohlenbriketts	Pechkohle	Heizöl	Holz	Torf	Energie gesamt
Schleswig-Holstein ..	0	300	250	350	—	1 850	—	50	2 800
Hamburg	50	50	100	200	—	1 300	—	—	1 700
Niedersachsen	300	1 350	500	950	—	5 700	—	50	8 850
Hannover	100	300	100	200	—	1 300	—	10	2 010
Hildesheim	40	200	100	150	—	800	—	10	1 300
Braunschweig	40	200	100	150	—	800	—	10	1 300
Oldenburg	30	150	50	100	—	600	—	10	940
Lüneburg	40	200	100	150	—	850	—	10	1 350
Stade	20	100	0	50	—	450	—	0	620
Osnabrück	30	150	50	100	—	600	—	0	930
Aurich	0	50	0	50	—	300	—	0	400
Bremen	0	200	50	50	—	700	—	—	1 000
Nordrhein-Westfalen	1 600	3 650	1 400	1 800	—	11 900	—	—	20 350
Aachen	100	250	100	100	—	700	—	—	1 250
Düsseldorf	500	1 200	400	600	—	4 000	—	—	6 700
Köln	200	550	200	300	—	1 700	—	—	2 950
Münster	200	500	200	200	—	1 600	—	—	2 700
Arnsberg	400	800	400	400	—	2 700	—	—	4 700
Detmold	200	350	100	200	—	1 200	—	—	2 050
Hessen	0	500	250	650	—	4 200	—	—	5 600
Darmstadt	0	200	50	200	—	1 400	—	—	1 850
Kassel	0	100	100	150	—	1 000	—	—	1 350
Wiesbaden	0	200	100	300	—	1 800	—	—	2 400
Rheinland-Pfalz	100	300	0	650	—	3 650	—	—	4 700
Koblenz	30	100	0	200	—	1 100	—	—	1 430
Trier	10	0	0	50	—	400	—	—	460
Montabaur	0	0	0	50	—	250	—	—	300
Rheinhessen	10	50	0	100	—	500	—	—	660
Pfalz	50	150	0	250	—	1 400	—	—	1 850
Baden-Württemberg	50	400	400	700	—	7 650	—	—	9 200
Südbaden	20	100	100	100	—	1 500	—	—	1 820
Nordwürttemberg .	0	150	150	300	—	3 100	—	—	3 700
Südwürttemberg ..	0	50	50	100	—	1 300	—	—	1 500
Nordbaden	30	100	100	200	—	1 750	—	—	2 180
Bayern	250	450	150	900	50	8 800	900	0	11 500
Oberpfalz	0	50	0	100	0	800	100	0	1 050
Schwaben	50	50	0	100	10	1 200	100	0	1 510
Oberbayern	100	150	100	300	30	2 800	300	0	3 780
Niederbayern	0	0	0	100	0	800	100	0	1 000
Unterfranken	0	50	0	100	0	950	100	0	1 200
Oberfranken	50	50	0	100	0	950	100	0	1 250
Mittelfranken	50	100	50	100	10	1 300	100	0	1 710
Saarland	250	100	0	50	—	750	—	—	1 150
Berlin	50	400	50	400	—	1 300	—	—	2 200
Bundesr. Deutschland	2 650	7 700	3 150	6 700	50	47 800	900	100	69 050

Der voraussichtliche Brennstoffverbrauch im Haushalts- und Kleinverbrauch im Jahre 1975
in 1 000 t SKE

Gebiet	Steinkohle	Steinkohlenkoks	Steinkohlenbriketts	Braunkohlenbriketts	Pechkohle	Heizöl	Holz	Torf	Energie gesamt
Schleswig-Holstein ..	0	100	100	250	—	2 800	—	0	3 250
Hamburg	0	0	50	150	—	1 700	—	—	1 900
Niedersachsen	100	1 100	300	800	—	8 650	0	0	10 950
Hannover	20	300	100	200	—	2 000	0	0	2 620
Hildesheim	10	100	50	100	—	1 100	0	0	1 360
Braunschweig	20	150	50	100	—	1 200	0	0	1 520
Oldenburg	10	100	0	100	—	900	0	0	1 110
Lüneburg	20	150	50	100	—	1 200	0	0	1 520
Stade	10	100	0	50	—	650	0	0	810
Osnabrück	10	150	50	100	—	1 200	0	0	1 510
Aurich	0	50	0	50	—	400	0	0	500
Bremen	0	200	50	50	—	1 150	—	—	1 450
Nordrhein-Westfalen	1 000	3 500	1 100	1 800	—	17 600	—	—	25 000
Aachen	100	250	100	100	—	1 200	—	—	1 750
Düsseldorf	300	1 100	350	600	—	5 700	—	—	8 050
Köln	200	550	150	300	—	2 800	—	—	4 000
Münster	100	450	100	200	—	2 300	—	—	3 150
Arnsberg	200	800	300	400	—	3 900	—	—	5 600
Detmold	100	350	100	200	—	1 700	—	—	2 450
Hessen	0	350	150	600	—	6 200	—	—	7 300
Darmstadt	0	100	0	200	—	2 000	—	—	2 300
Kassel	0	100	100	150	—	1 500	—	—	1 850
Wiesbaden	0	150	50	250	—	2 700	—	—	3 150
Rheinland-Pfalz	0	200	0	500	—	6 000	—	—	6 700
Koblenz	0	100	0	200	—	1 900	—	—	2 200
Trier	0	0	0	50	—	800	—	—	850
Montabaur	0	0	0	0	—	400	—	—	400
Rheinhessen	0	0	0	50	—	800	—	—	850
Pfalz	0	100	0	200	—	2 100	—	—	2 400
Baden-Württemberg	0	150	100	600	—	12 000	—	—	12 850
Südbaden	0	50	0	100	—	2 300	—	—	2 450
Nordwürttemberg	0	50	50	250	—	4 900	—	—	5 250
Südwürttemberg ..	0	0	0	100	—	2 000	—	—	2 100
Nordbaden	0	50	50	150	—	2 800	—	—	3 050
Bayern	0	100	0	700	—	12 450	550	—	13 800
Oberpfalz	0	0	0	50	—	1 050	50	—	1 150
Schwaben	0	20	0	100	—	1 800	100	—	2 020
Oberbayern	0	50	0	250	—	4 200	200	—	4 700
Niederbayern	0	0	0	50	—	1 000	0	—	1 050
Unterfranken	0	0	0	50	—	1 300	50	—	1 400
Oberfranken	0	10	0	100	—	1 200	50	—	1 360
Mittelfranken	0	20	0	100	—	1 900	100	—	2 120
Saarland	200	100	0	0	—	1 300	—	—	1 600
Berlin	0	300	50	300	—	1 750	—	—	2 400
Bundesr. Deutschland	1 300	6 100	1 900	5 750	0	71 600	550	0	87 200

Für den gesamten Brennstoffverbrauch ergeben die Projektionen einen weiterhin kräftigen Anstieg

von 60,4 Mill. t SKE 1967 (nicht temperaturbereinigt)

auf 69,0 Mill. t SKE 1970 (temperaturbereinigt)

und 87,2 Mill. t SKE 1975 (temperaturbereinigt).

Für die künftige Entwicklung des Verbrauchs der einzelnen Brennstoffarten im Haushalts- und Kleinverbrauch ergibt sich das folgende Bild: Generell ist mit einem starken Rückgang des Steinkohle-(Kohle-Koks-Brikett-)Verbrauchs zu rechnen. Der Einsatz der Braunkohlenbriketts zu Heizzwecken wird gleichfalls rückläufig sein, wenn auch nicht in gleich starkem Maße, wie dies bei der Steinkohle zu erwarten ist.

Während der Absatz der festen Brennstoffe zurückgeht, läßt sich für das leichte Heizöl überall eine entsprechende Verbrauchssteigerung voraussagen. Diese für die Bundesrepublik als Ganzes geltende Absatzentwicklung verläuft regional allerdings sehr differenziert.

Während die *Steinkohle* (im wesentlichen wohl Deputatkohle) mit Ausnahme Niedersachsens, des Saarlandes und Nordrhein-Westfalens voraussichtlich in allen Bundesländern bis 1975 substituiert sein dürfte, wird der Rückgang beim Verbrauch an *Steinkohlenkoks* geringer sein. Die fast vollständige Substitution durch flüssige Brennstoffe ist beim Steinkohlenkoksverbrauch voraussichtlich auf die ruhrgebietsfernen Länder Hamburg und Baden-Württemberg, Hessen und Bayern beschränkt.

Beim künftigen Absatz der *Steinkohlenbriketts* ist vermutlich mit einer ähnlichen Entwicklung zu rechnen wie beim künftigen Verbrauch an Steinkohle. Mit Ausnahme der Länder Nordrhein-Westfalen und Niedersachsen dürften in den übrigen Bundesländern bis zum Jahre 1975 die Steinkohlenbriketts durch andere Brennstoffe bis auf geringe Mengen fast völlig substituiert worden sein.

Die künftige Absatzentwicklung der *Braunkohlenbriketts* verläuft regional recht einheitlich. Zwar ist auch bei diesem Energieträger ein Rückgang des Absatzes zu erwarten, wenn auch nicht in so starkem Maße, wie dies bei der Steinkohle der Fall sein wird. So ist mit einer fast vollständigen Substitution der Braunkohle bis 1975 nur im Raume Bremen und im Saarland zu rechnen.

Der Verbrauch an *Pechkohle, Holz und Torf* ist — wie die Tabellen zeigen — ohnehin nur von regionaler Bedeutung, da er auf Bayern und Niedersachsen beschränkt ist. Die schon heute vergleichsweise geringen Verbrauchsmengen dieser Energieträger werden in Zukunft weiter zurückgehen und bedeutungslos werden.

Ursache des sich über alle Regionen erstreckenden Absatzrückgangs der festen Brennstoffe ist deren Substitution durch das *leichte Heizöl*.

Da sich dieser Substitutionsvorgang in allen Bundesländern abspielt, kann demnach auch künftig mit einem entsprechenden Wachstum des Heizölabsatzes gerechnet werden. Die regionale Verbrauchsentwicklung weist jedoch auch bei diesem Energieträger Unterschiede auf. So wird die Zunahme des Heizölverbrauchs in den ruhrgebietsfernen Regionen naturgemäß schneller vor sich gehen als beispielsweise in Nordrhein-Westfalen.

Die Überprüfung der Projektionsergebnisse

I. Überprüfung der Regionalergebnisse durch eine Globalprojektion für die gesamte Bundesrepublik

1. Allgemeines

Die Überprüfung der regionalen Einzelergebnisse erfolgt mit Hilfe einer Globalprojektion, die für die Bundesrepublik als Ganzes durchgeführt wird und lediglich den Gesamtbrennstoffverbrauch umfaßt.

Die Projektionsrechnungen beruhen dabei auf den gleichen Methoden, wie sie der Regionalanalyse zugrunde liegen, wobei auch für die Bundesrepublik insgesamt die drei den Brennstoffverbrauch im Haushalt beeinflussenden Faktoren

Wohnungsbestand .... W
durchschnittlicher Gesamtbrennstoffverbrauch je
Wohnung .... γ
und Temperatur .... T

projiziert werden müssen. Zusätzliche Probleme ergeben sich bei der Projektion von W und γ nicht; lediglich bei der Berücksichtigung der künftigen Außentemperatur — auch hier wird wiederum der durchschnittliche Gradtagswert 1881/1940 zugrunde gelegt — muß eine Korrektur angebracht werden.

2. Korrektur der Gradtagszahl

Der für die Bundesrepublik geltende Temperaturdurchschnittswert für die Zeit 1881/1940 beträgt 3042 Gradtage. Wird dieser ungewichtete Temperaturwert zur Ermittlung des künftigen Gesamtbrennstoffverbrauchs in der Bundesrepublik in die zur Projektion verwendete Funktion

$$y = a_0 + a_1 t + a_2 T \text{ [33]}$$

eingesetzt, ergäbe sich im Vergleich zu einer regionalen Untersuchung ein Fehler, der darauf zurückzuführen wäre, daß in beiden Projektionsrechnungen als Gewichtssystem für die regionalen Temperaturwerte die

---
[33] Siehe S. 36.

jeweiligen Wohnungsbestände fungieren[34]. Da der Anteil der Wohnungen in den 11 Bundesländern bzw. 38 Regierungsbezirken am Wohnungsbestand der Bundesrepublik sehr unterschiedlich ist, der Brennstoffverbrauch jedoch mit Hilfe der Bezugsgröße der „Wohnungen" ermittelt wird, muß diese Streuung der Wohnungsanteile bei der Globalprojektion berücksichtigt werden.

Die für die Bundesrepublik allgemein geltende Gradtagszahl 3 042 muß somit um diese Streuung des Wohnungsbestandes in den Regierungsbezirken korrigiert werden.

Die gewichtete Gradtagszahl für die Bundesrepublik liegt dann bei 3 237 Gradtagen gegenüber 3 042. Dieser höhere Wert ist u. a. eine Folge davon, daß Bundesländer, die ein relativ kühleres Klima besitzen als andere, gleichzeitig auch mit einem größeren Anteil am Wohnungsbestand der Bundesrepublik beteiligt sind (z. B. Bayern).

Berechnet man mit Hilfe des korrigierten Gradtagswertes den künftigen durchschnittlichen Brennstoffverbrauch und über das Produkt aus Wohnungsbestand und durchschnittlichem Brennstoffverbrauch je Wohnung den absoluten Brennstoffverbrauch, so ergibt sich für das Jahr 1975 folgendes Ergebnis:

Projektionsergebnisse für das Jahr 1975

	Einheit	Globalprojektion	Regionalprojektion
Wohnungsbestand	Mill. Wohnungen	23,43	23,40
Bevölkerung	Mill. Personen	61,87	61,71
Personen je Wohnung	Personen	2,64	
Gradtagszahl			
ungewichtet	—	3 042	—
gewichtet	—	3 273	—
Durchschnittl. Verbrauch je Wohnung	t SKE	3,750	
Gesamtverbrauch	Mill. t SKE	87,8	87,2

Der Vergleich der regionalen mit der globalen Projektion zeigt dabei kaum Abweichungen, so daß die Regionalanalyse als abgesichert gelten kann.

---

[34] Die Gradtagszahl BRD-Mittel ist ex definitione ungewichtet, da ein einheitliches, demografisches oder ökonomisches Gewichtungsschema gegenwärtig nicht besteht. Es hängt sehr davon ab, zu welchem Zweck Gradtagszahlen verwendet werden. In unserem Fall sollen Verbrauchsmengen ermittelt werden, so daß die Zahl der für diese Verbrauchsmengen als entscheidend angenommenen Wohnungen als Gewichtungsmaßstab hinzugezogen werden muß.

Zusätzlich zu dieser Testrechnung sollen jedoch im folgenden die Ergebnisse noch durch eine Betrachtung der Angebotsmöglichkeiten einzelner Energieträger ergänzt werden, wobei deren künftige Preisentwicklung und die Möglichkeiten für ein ausreichendes Angebot berücksichtigt werden sollen.

II. Überprüfung der Projektionsergebnisse mit Hilfe der Angebotsmöglichkeiten der einzelnen Energieträger und deren künftige Preiskonstellation

1. Die Angebotsmöglichkeiten

a) Steinkohle

Der künftige Verbrauch von Steinkohle im Haushalts- und Kleinverbrauch wird entsprechend den Projektionen von 4,2 Mill. t SKE (1967) auf 1,3 Mill. t SKE 1975 fallen. Selbst wenn Zechenstillegungen in dem bisherigen Umfang auch künftig vorgenommen werden sollten, würde dies kaum zu einer Verknappung des Angebots führen, da sich die verbleibenden Steinkohlenzechen aus Gründen der Kostensenkung (bessere Auslastung) bemühen dürften, stillgelegte Förderkapazitäten ganz oder teilweise zu übernehmen. Es kann daher damit gerechnet werden, daß das Steinkohlenangebot die Nachfrage wird befriedigen können.

b) Steinkohlenkoks

Die Nachfrage nach Steinkohlenkoks wird sich entsprechend den Projektionsrechnungen bis zum Jahre 1975 um rd. 2,2 Mill. t SKE auf 6,1 Mill. t SKE verringern. Auch hier ist anzunehmen, daß bei weiteren Zechenstillegungen ausreichende Kapazitäten zur Kokserzeugung vorhanden bleiben werden. Der Grund für diese Annahme ist u. a. in dem stark schwankenden Koksverbrauch der Eisenschaffenden Industrie zu suchen. Diese Schwankungen — sie können jährlich bis zu 3 Mill. t betragen — bedingen entsprechend große Reservekapazitäten bei den Kokereien und damit letztlich bei den Steinkohlenzechen, so daß auch in Zukunft mit einem ausreichenden Koksangebot gerechnet werden kann. Hinzu kommt, daß in Zukunft wahrscheinlich besonders der Steinkohlenkoks verstärkt der Substitution durch das Erdgas ausgesetzt werden dürfte (s. Abschn. „Das Erdgas"). Dieser Substitutionsvorgang ist zwar mengenmäßig heute noch nicht zu erfassen, er dürfte jedoch zweifellos einen wesentlich geringeren Koksverbrauch mit sich bringen, als dies die Projektionsergebnisse zeigen, die noch ohne Berücksichtigung des Gases durchgeführt wurden.

c) Steinkohlenbriketts

Die künftige Nachfrage nach Steinkohlenbriketts zeigt ebenfalls eine fallende Tendenz. Das gleiche gilt für die Steinkohlenbriketterzeugung in den Jahren 1956 bis 1967. Vergleicht man die Entwicklung der Briketterzeugung mit der Brikettnachfrage im Basiszeitraum[35], ergibt sich jedoch, daß die Nachfrage immer schneller abnahm als das Angebot. Diese Entwicklung der Angebots- bzw. Nachfragekurven spricht auch langfristig dafür, daß es möglich sein wird, den Brikettbedarf zu decken.

d) Braunkohlenbriketts

Die Nachfrage nach Braunkohlenbriketts wird sich im Jahre 1975 nach den Berechnungen auf etwa 5,8 Mill. t SKE verringern; das entspricht einer Menge von rund 24 Mill. t. Rohbraunkohle. Nach Informationen aus der Braunkohlenindustrie wird dagegen angestrebt, bis 1975 in den Veredlungsanlagen nur 20 Mill. t Rohbraunkohle einzusetzen. Die zur Herstellung von 1 t Braunkohlenbriketts benötigte Menge an Rohbraunkohle soll außerdem bis 1975 von 2,8 auf 2,64 t verringert werden. Geht man von diesen Prämissen aus, so würde dies einem Braunkohlenbrikettaufkommen von nur etwa 5,2 Mill. t SKE entsprechen. Ohne Berücksichtigung der Importe bestünde somit ein geringer Fehlbetrag von etwa 0,6 Mill. t SKE an Braunkohlenbriketts. Der Import von Braunkohlenbriketts — im wesentlichen aus der DDR — (1967 noch 1,4 Mill. t SKE) dürfte jedoch weiterhin garantieren, daß Nachfrage und Angebot in Einklang gebracht werden können.

e) Heizöl

Der mit Hilfe der Regionalprojektion ermittelte künftige Verbrauch an leichtem Heizöl im Haushalts- und Kleinverbrauch beträgt für die Jahre

1970..........47,8 Mill. t SKE
1975..........71,6 Mill. t SKE

Diese Nachfrage muß durch das Angebot an leichtem Heizöl aus den Raffinerien innerhalb der Bundesrepublik und durch den Import gedeckt werden. Dabei ist zu berücksichtigen, daß ein Teil des Angebots an leichtem Heizöl auch der Industrie zugeführt wird (18 vH).

Untersuchungen des DIW[36] haben zu einem künftig zu erwartenden Heizölangebot aus deutschen Raffinerien in Höhe von rund

1970..........31 Mill. t SKE
1975..........61 Mill. t SKE

---

[35] Statistik der Kohlenwirtschaft e. V., „Die Kohlenwirtschaft der BRD im Jahre 1966". Essen Juli 1967, S. 68/69.
[36] M. *Liebrucks:* „Corrigendum zum Energiegutachten 1961". Berlin 1966, S. 21, und unveröffentlichte Studie für das Bundeswirtschaftsministerium.

geführt. Dazu kommen erwartete[37] Nettoimporte in Höhe von

1970..........19 Mill. t SKE
1975..........24 Mill. t SKE

d. h. 1970 steigt das Angebot an leichtem Heizöl auf rund 50 Mill. t SKE und 1975 auf 85 Mill. t SKE.

Unter Abzug des für die Industrie benötigten leichten Heizöls bleibt für den Haushalts- und Kleinverbrauch ein künftiges Angebot von

1970..........41 Mill. t SKE
1975..........70 Mill. t SKE.

Diesem Angebot steht die errechnete Nachfrage von 47,8 Mill. t SKE im Jahre 1970 und 71,6 Mill. t SKE 1975 gegenüber. Dies würde bedeuten, daß 1970 ein Nachfrageüberhang von rd. 7 Mill. t SKE erwartet werden müßte, 1975 ein solches Defizit von knapp 2 Mill. t SKE. Drei Faktoren jedoch gestatten es, hier einen Ausgleich herbeizuführen: Einmal besteht die Möglichkeit, die Kapazitätsauslastung der Raffinerien zu erhöhen, zum anderen können auch die Importmengen gesteigert werden. Darüber hinaus wird das in Zukunft auf den Markt drängende Erdgas einen Teil des Zuwachses des Brennstoffbedarfs im Haushalt decken — ein Substitutionsvorgang, der heute noch nicht erfaßbar ist.

Abschließend ergibt also die Gegenüberstellung von Angebot und Nachfrage der festen und flüssigen Brennstoffe folgendes Bild: Ohne Berücksichtigung des in den 70er Jahren auf den Brennstoffmarkt drängenden Erdgases kann die Nachfrage nach festen Brennstoffen, wie sie sich aufgrund der Regressionsrechnungen ergibt, durch ein entsprechendes Angebot gedeckt werden. Auch beim leichten Heizöl dürften die Flexibilität der Importe, die Möglichkeit, die Auslastung der Raffinerien zu steigern und letztlich die zu erwartenden größeren Erdgasmengen jederzeit ein ausreichendes Angebot gewährleisten.

2. Künftige Preiskonstellation

a) Allgemeines

Bei der Analyse der Substitution der festen durch die flüssigen Brennstoffe im Basiszeitraum 1958—1967 ergab sich, daß die Relation der Preise der im Wettbewerb stehenden Brennstoffarten für diese Substitution von so entscheidender Bedeutung war, daß die Analyse der künftig zu erwartenden Preisentwicklung auch zur Interpretation und Ergänzung der Projektionsergebnisse herangezogen werden muß.

---

[37] *Ders.:* „Corrigendum zum Energiegutachten 1961". S. 29.

b) Steinkohle

Im Zeitraum 1960 bis 1965 stiegen die Preise für Steinkohle fob Grube von rund 59 DM/t vF auf 65,— bis 66,50 DM/t vF[38], womit die Kostenbelastung der an der Ruhr geförderten Kohle einen Höhepunkt erreichte. Diese Steigerung war eine Folge der mehrfachen Anhebung u. a. der Lohnkosten, die etwa 55 vH der Gesamtkosten ausmachen.

Die künftige Situation im Steinkohlenbergbau dürfte gekennzeichnet sein durch Einschränkung der Förderung bei gleichzeitigem Bestreben, die Kosten durch günstigere Auslastung der verbleibenden Zechen zu senken.

Für den Zeitraum bis 1975 erwartet Levy[39], daß der deutsche Steinkohlenbergbau in der Lage sein wird, die Selbstkosten und damit letztlich die Preise „nicht sehr viel über dem jetzigen Stand" zu halten, wobei er eine höhere Kapazitätsauslastung voraussetzt und annimmt, daß neue Lohnsteigerungen durch einen weiteren — wenn auch langsameren — Produktivitätszuwachs ausgeglichen werden können.

In seiner Untersuchung[40] über die Möglichkeiten zur Verbesserung der Wirtschaftlichkeit des heimischen Steinkohlenbergbaus, einer Studie, welche über die künftige Leistungsentwicklung die zu erwartende Kostensituation analysiert, kommt Adler zu ähnlichen Ergebnissen. Dieser Untersuchung zufolge wird es in den 70er Jahren möglich sein, durch Rationalisierungsmaßnahmen eine Leistung im Grubenbetrieb unter Tage von 4,5 t/MS zu erzielen, was zu einer Kostensenkung von 14 DM/t vF führen könnte. In der Untersuchung wird diese errechnete Kostensenkung jedoch als „fiktiv"[41] angesehen, da diesen Kosteneinsparungen durch Leistungserhöhung steigende Arbeits- und Sachkosten gegenüberstehen dürften. Im folgenden läßt die Untersuchung mögliche Steigerungen bei den Sachkosten außer acht und rechnet mit verschiedenen Steigerungsraten (3 vH, 5 vH) bei den Arbeitskosten. Adler kommt dabei zu dem Schluß, daß bei 5 vH Lohnkostensteigerung „ein Großteil der möglichen Einsparungen (durch Leistungssteigerung) aufgezehrt werden könnte"[42]. Zusammenfassend kommt die Untersuchung zu dem Ergebnis, daß unter gewissen Prämissen (Zurücknahme der Förderung mit dem Ziel höherer Kapazitätsauslastung, abgestimmtes einheitliches Handeln des Bergbaus und Weiterbestand bestimmter Schutz-

---

[38] Ders.: „Corrigendum zum Energiegutachten 1961". Berlin 1966, S. 26.
[39] *W. J. Levy:* Gutachten „Lage und Entwicklungstendenzen des Welterdölmarktes in ihrer Auswirkung auf die Energiepolitik Westeuropas, insbesondere der BRD". Drucksache Nr. 59, Bundesverband der deutschen Industrie, S. 73/74.
[40] *F. Adler:* „Möglichkeiten zur Verbesserung der Wirtschaftlichkeit des heimischen Steinkohlenbergbaus". Sonderdruck der Vorträge anläßlich des Energiekolloquiums der TU Berlin, Nov. 1967.
[41] Ders.: a.a.O., S. 6.
[42] *Ders.:* a.a.O., S. 6.

maßnahmen für den heimischen Bergbau) in Zukunft „die Kohle nicht teurer, sondern u. U. sogar billiger werden kann"[43].

Ob diese mögliche Preissenkung jedoch die Preisrelation zwischen der Steinkohle und dem leichten Heizöl, wie sie die Vergangenheit zeigte, entscheidend zu ändern vermag, hängt neben der künftigen Entwicklung der Steinkohlenpreise auch von den zu erwartenden Preisen des leichten Heizöls ab.

c) Heizöl

Die Preisentwicklung des Heizöls ist langfristig u. a. von drei Einflußfaktoren abhängig, von der Entwicklung

1. des Rohölpreises ab Bohrloch,
2. der Frachtraten,
3. der Raffineriedurchsatzkosten.

Zu 1. Die folgende Tabelle gibt für einige der wichtigsten erdölfördernden Länder die Relation der Rohölförderungskosten wieder[44]. In den Kosten sind dabei enthalten die Explorationskosten, Kosten für Aufschluß- und Erweiterungsbohrungen sowie die eigentlichen Förderkosten. Die Gewinnungskosten liegen für die Länder des Nahen Ostens bei 1,75—2,10 $/t.

Rohölförderkosten[45]
USA = 100

Bundesrepublik Deutschland	115
USA	100
Venezuela	40
Algerien	40
UdSSR	17
Irak	12
Persien	10
Kuwait	7

Nicht enthalten sind darin die Transportkosten vom Bohrloch zum Ölhafen und die staatlichen Abgaben an die Förderländer wie royalties, Gewinne und Steuern[46]. Durch Hinzurechnung dieser Kostenbestandteile (zusätzlich Verschiffungskosten) ergibt sich etwa ein Preis cif Grenze von 15,15 $/t bis 16,— $/t.

---
[43] F. Adler: a.a.O., S. 6.
[44] M. Liebrucks: „Absatzaussichten außereuropäischer und deutscher Energieträger in der Bundesrepublik Deutschland". Colloque Européen de l'Energie, Grenoble 1965.
[45] Ders.: a.a.O., S. 2.
[46] Ders.: „Zur Frage der Wettbewerbsstellung deutscher mineralölverarbeitender Unternehmen". Vierteljahrshefte zur Wirtschaftsforschung Drittes Heft, 1968.

Es ist nicht zu erwarten, daß sich die Entwicklung im Nahen Osten langfristig wesentlich verändern wird. Die Gründe hierfür sind mannigfaltig. Einmal ist kaum anzunehmen, daß die Aufschluß- und Förderkosten entsprechend der Ausbringung steigen. Zum anderen gewinnen andere preisgünstige Erdölangebote aus Ländern des Ostblocks zunehmend an Bedeutung und verhindern so ein Steigen der Preise. Eine weitere preissenkende Wirkung kann darüber hinaus von den immer wichtiger werdenden Ländern Libyen und Algerien ausgehen, deren Ölfelder für Westeuropa transportmäßig wesentlich günstiger liegen als die der Länder des Nahen Ostens. Daraus ergibt sich, daß jederzeit neue Außenseiter mit billigen Ölangeboten auf dem westeuropäischen Markt auftreten können, so daß langfristig mit gleichbleibenden, wenn nicht sogar nachgebenden Rohölpreisen gerechnet werden kann.

Zu 2. Neben den Förderkosten haben auch die Frachtraten einen Einfluß auf die Höhe des Rohöleinstandspreises. Sie sind in erster Linie abhängig von der Entwicklung des Tankermarktes bzw. der Tankerraten. Diese Frachtraten zeigten in den vergangenen Jahren eine sinkende Tendenz, und es wird allgemein erwartet[47], daß dieser Rückgang langfristig anhalten wird.

Die Ursache der niedrigen Transportkosten sind einmal die größer werdenden Schiffe, indem z. B. der Ersatz eines der 542 im zweiten Weltkrieg gebauten Einheitstanker T_2 — Fahrzeuge mit einer Tragfähigkeit von 16 000 t — durch einen 45 000 t Tanker die spezifischen Betriebskosten um mehr als ein Drittel senkt und bei Ersatz durch einen 90 000 t Tanker die Kosten sogar um die Hälfte verringert werden können[48]. Neben der zunehmenden Größe der Tanker hat auch die Geschwindigkeit der Schiffe zugenommen, was zu einem schnelleren Umschlag pro Zeiteinheit und damit zu Kostensenkungen führt. So hat die Durchschnittsgeschwindigkeit der Tanker im letzten Jahrzehnt derart zugenommen, daß die Reisezeit vom Persischen Golf nach Westeuropa um rund 5 Tage vermindert werden konnte[49]. Neben der reinen Fahrzeit wurden darüber hinaus die Ölabnahme- und Löschzeiten in den Häfen in den letzten Jahren um rund 24 Std. pro Entladung verringert, was die Leistungsfähigkeit der Tanker ebenfalls wesentlich erhöhte[50].

Auf lange Sicht dürfte angenommen werden, daß sich die Frachtsätze — entsprechend den sinkenden Betriebskosten — verringern. Eine Verknappung des Tankschiffsraumes, der dieser fallenden Tendenz entgegenwirken könnte, ist angesichts der großen Werftkapazitäten und der aufgrund technischer Fortschritte kürzer werdenden Produktionszeiten langfristig nicht zu erwarten.

---

[47] „Der Tankschiffsmarkt im laufenden Jahrzehnt", in Petroleum Press Service 1964, S. 172.
[48] *H. L. Koch:* „Tanker, Rückgrat der Mineralölversorgung", in Zeitschrift für die Mineralölwirtschaft, Juni 1965, S. 210.
[49] „Der Tankschiffsmarkt im laufenden Jahrzehnt", a.a.O., S. 172.
[50] Petroleum Press Service, a.a.O., S. 172.

Kurzfristige Schwankungen, hervorgerufen durch plötzlich steigende Nachfrage, sind freilich nicht ausgeschlossen. Aus diesen Betrachtungen ergibt sich, daß zumindest von den Rohöleinstandspreisen keine preissteigernde Wirkung auf das Heizöl zu erwarten sein dürfte.

Zu 3. Die Raffineriedurchsatzkosten haben im Vergleich zu den unter 1. und 2. erwähnten Einflußfaktoren allerdings nicht die gleiche Bedeutung für die Bildung des Heizölpreises[51]; schon gar nicht ist das Gewicht der Raffineriedurchsatzkosten auf den Preis des Heizöls mit der Bedeutung der Gewinnungskosten der Kohle auf den Kohlepreis zu vergleichen.

Aussagen über die künftige Entwicklung der Raffineriedurchsatzkosten und ihren Einfluß auf die künftige Höhe des Heizölpreises zu treffen, ist jedoch äußerst problematisch, da Heizöl als Kuppelprodukt bei der Raffination anfällt und daher der Preis des leichten Heizöls auch von den Preisen der übrigen gleichzeitig anfallenden Kuppelprodukte abhängig ist. Die Untersuchungen im Energiegutachten von 1961 haben ergeben, daß langfristig mit einem Preis von 120 DM/t (einschl. Steuer und Vertriebskosten) für leichtes Heizöl gerechnet werden kann. Eine neuere Untersuchung, wie z. B. das Corrigendum[52] zum Energiegutachten, rechnet mit 90 DM/t = 62 DM/t SKE sogar noch mit einem geringeren Preis für leichtes Heizöl im Jahre 1975.

Vergleicht man diese voraussichtliche Preisentwicklung des leichten Heizöls mit den künftig zu erwartenden Preisen[53] für Steinkohle, wie sie im vorangegangenen Abschnitt beschrieben wurde, so ist mit großer Wahrscheinlichkeit anzunehmen, daß auch in Zukunft die Heizölpreise unter dem Niveau der Kohlenpreise bleiben werden. Selbstverständlich kann es möglich sein, daß sich die Relation beider Preisreihen in ihrer absoluten Höhe verändert, eine Umkehrung der Relation zugunsten der Steinkohle dürfte jedoch nicht zu erwarten sein. Auch in Zukunft wird sich also die Wettbewerbskonstellation Kohle—Heizöl nicht wesentlich ändern. Die für die Zukunft regressionsanalytisch ermittelte strukturelle Entwicklung des Verbrauchs der festen und flüssigen Brennstoffe läßt sich demnach auch unter dem Aspekt der voraussichtlichen Preisentwicklung vertreten.

---

[51] G. Ch. *Fuchs:* a.a.O., S. 87.
[52] M. *Liebrucks:* „Corrigendum zum Energiegutachten 1961". Berlin 1965, S. 28.
[53] Zu den fob — Grubepreisen der Kohle müssen noch die Transportkosten zum Verbraucher hinzugerechnet werden.

Das Erdgas

I. Der Einsatz des Energieträgers Gas zu Heizzwecken

1. Allgemeines[54]

In den vergangenen Jahren sind in Westeuropa, besonders im holländischen Raum um Groningen und in Nordwestdeutschland, bedeutende Erdgasvorkommen entdeckt und erschlossen worden. Es wird daher in größerem Rahmen als bisher ein neuer Energieträger als Konkurrent zu den festen und flüssigen Brennstoffen auf dem Energiemarkt auftreten. Bereits heute zeichnet sich auf dem deutschen Energiemarkt eine Entwicklung ab, wie sie ähnlich schon seit Jahren für die Vereinigten Staaten und Rußland charakteristisch ist. In diesen Ländern wird der Markt gekennzeichnet durch einen hohen bzw. in der UdSSR noch steigenden Erdgasanteil am Gesamtenergieverbrauch (rund ein Drittel des Energieverbrauchs entfällt z. B. in den USA auf Erdgas).

Wenn auch in der Bundesrepublik nicht mit einem ähnlich hohen Anteil des Erdgases am Gesamtenergieverbrauch gerechnet werden kann, hat sich die deutsche Gaswirtschaft dennoch auf die zu erwartende Expansion eingestellt. Ihr steht ein ausgedehntes und leistungsfähiges Verbundnetz zur Verfügung, das von Aachen bis Berlin und von Hamburg bis nach Bayern reicht. Das Leitungsnetz der Gasversorgungsgesellschaften hatte 1966 eine Gesamtlänge von rund 88 000 km, davon 18 000 km Gasfernleitungen[55]. Zahlreiche Verbindungsstellen mit französischen und belgischen, vor allem jedoch mit den im wesentlichen zum Erdgastransport dienenden holländischen Leitungsnetzen sind vorhanden und ermöglichen so einen Gasaustausch über die Grenzen hinweg. Durch dieses ausgedehnte Verbundnetz — für dessen Erweiterung in den kommenden Jahren 3 bis 5 Mrd. DM[56] investiert werden sollen — ist die Voraussetzung gegeben, Gas in großen Mengen überall in der Bundesrepublik als Konkurrenzenergieträger zur Kohle und zum Heizöl anbieten zu können.

Früher wurde das Gas im wesentlichen zu Beleuchtungszwecken verwendet, ein Verbrauchsbereich, aus dem es später durch den elektri-

---

[54] *U. Dolinski:* „Erdgas — ein neuer Energieträger auf dem Energiemarkt der Bundesrepublik. Versuch einer Marktanalyse". Vierteljahrshefte zur Wirtschaftsforschung, Drittes Heft, 1968.
[55] „Das Gas- und Wasserfach". München, September 1967, S. 1037.
[56] *P. J. Decker:* „Aktuelle Finanzierungsprobleme in der öffentlichen Gaswirtschaft". Vortrag am Energiewirtschaftlichen Institut an der Universität Köln, 1967.

schen Strom verdrängt wurde. Ein gleicher Substitutionsvorgang ist heute wieder zwischen dem elektrischen Strom und dem Kochgas festzustellen. Für die Zukunft der Gaswirtschaft ergibt sich daraus folgendes Bild: In einer Zeit, in der einerseits Gas in größeren Mengen als jemals zuvor angeboten werden kann, andererseits das Gas in seinen traditionellen Verwendungsarten (Kochgas) einem zunehmenden Wettbewerb durch den elektrischen Strom ausgesetzt ist, muß sich die Gaswirtschaft nach einer neuen, ausbaufähigen Verwendungsart umsehen. Hier bietet sich als Möglichkeit u. a. die Raumheizung an, d. h. der Einsatz des Gases zu Heizzwecken.

Die Bedeutung, die sich das Gas als Einsatzenergie zu Heizzwecken im Haushalts- und Kleinverbrauch in kurzer Zeit verschafft hat, ergibt sich aus folgendem Diagramm:

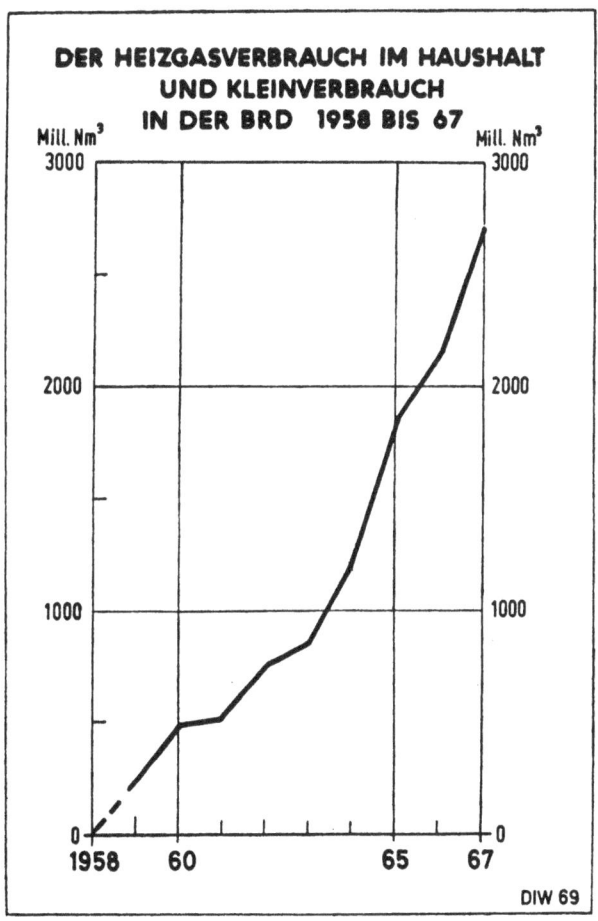

Die zunehmende Bedeutung des Heizgases bedingt bei einer Projektion des künftigen Brennstoffverbrauchs im Haushalts- und Kleinverbrauch die Berücksichtigung auch dieses neuen Energieträgers.

2. Die Projektion des künftigen Heizgasverbrauchs

a) Die Problematik einer Regionalprojektion des künftigen Heizgasabsatzes

Sichere Projektionen über den künftigen regionalen Gasverbrauch zu Heizzwecken zu erstellen, bereitet derzeit noch große Schwierigkeiten, da im Gegensatz zu der Verbrauchsentwicklung der festen und flüssigen Brennstoffe ein genügend ausgedehnter Basiszeitraum fehlt, aus dem Entwicklungstendenzen und Gesetzmäßigkeiten zu ersehen wären. Dies gilt für den Heizgasverbrauch in der Bundesrepublik, in besonderem Maße jedoch für Heizgas-Verbrauchsprojektionen in den Regierungsbezirken. Statistische Daten sind, soweit es die BRD als Ganzes betrifft, lediglich für die Jahre 1960 bis 1967 vorhanden. Regionale Heizgasverbrauchszahlen liegen nur für die Zeit von 1965 an vor. Um ausreichendes empirisches Zahlenmaterial zumindest für eine Projektion des Heizgasverbrauchs in den Bundesländern zu schaffen, wurde eine Regionalverteilung der Basisdaten der BRD von 1960 bis 1964 gemäß der regionalen Verbrauchsstruktur des Jahres 1965 durchgeführt.

b) Die Projektionsrechnung

Mit Hilfe dieser empirischen Zahlen wurde nach der Methode — absoluter Heizgasverbrauch = durchschnittlicher Heizgasverbrauch je Wohnung mal Zahl der Wohnungen — der voraussichtliche Heizgasverbrauch in den Bundesländern errechnet. Eine Projektion des künftigen Heizgasverbrauchs in den Regierungsbezirken, wie sie für die festen und flüssigen Brennstoffe durchgeführt wurde, läßt sich bisher jedoch noch nicht vertreten, da im Unterschied zu den festen und flüssigen Brennstoffen beim Heizgas nicht von der Annahme ausgegangen werden kann, daß der durchschnittliche Heizgasverbrauch eines Bundeslandes in etwa mit dem seiner Regierungsbezirke übereinstimmt.

Die Ergebnisse sind in der folgenden Tabelle enthalten.

Nach der Berechnung des voraussichtlichen Heizgasverbrauchs im Haushalts- und Kleinverbrauch muß der in den Tabellen S. 39 und 40 dargestellte künftige Verbrauch an festen und flüssigen Brennstoffen demnach um die voraussichtlichen Heizgasverbrauchsmengen verringert werden. Rechnerisch läßt sich jedoch heute noch nicht feststellen, welche festen bzw. flüssigen Energieträger und in welchem Maße sie durch das Heizgas substituiert werden. Aufschluß darüber kann jedoch die voraussichtliche Preisrelation der Energieträger (s. Abschnitt S. 47 ff.) geben.

Das Erdgas

Der voraussichtliche Heizgasverbrauch im Haushalts- und Kleinverbrauch in den Bundesländern im Jahre 1970 und 1975 in 1 000 t SKE

Länder	1970	1975
Schleswig-Holstein	50	200
Hamburg	300	700
Niedersachsen	300	1 000
Bremen	50	100
Nordrhein-Westfalen	750	1 100
Hessen	350	900
Rheinland-Pfalz	250	400
Baden-Württemberg	500	800
Bayern	350	600
Saarland	50	100
Berlin	50	100
Bundesrepublik Deutschland	3 000	6 000

3. Die Angebotsmöglichkeiten des Erdgases

Nach Angaben des Niedersächsischen Landesamtes für Bodenforschung[57] verfügt die Bundesrepublik gegenwärtig über sichere und wahrscheinliche Erdgasvorräte in Höhe von 274 Mrd. Nm^3 (Stand 1. 1. 1968). Da in den letzten Jahren aufgrund der stark intensivierten Suche nach neuen Lagerstätten jedoch laufend zusätzliche Erdgasvorräte entdeckt werden konnten, schätzt das Landesamt für Bodenforschung die möglichen Erdgasvorräte wesentlich höher ein. Es wird vermutet, daß in der Bundesrepublik Erdgasvorräte in Höhe von mehr als 600 Mrd. Nm^3 vorhanden sind.

Die deutsche Gaswirtschaft rechnet aufgrund der großen Vorräte in den kommenden Jahren mit einer erheblichen Fördersteigerung, die, geht man von den zwischen den inländischen Produzenten und den Verteilergesellschaften abgeschlossenen und noch abzuschließenden Verträgen aus, im Jahre 1975 über 17 Mrd. Nm^3 Erdgas betragen wird.

Die Steigerung der Erdgasförderung wird in den einzelnen Erdgasprovinzen der Bundesrepublik allerdings sehr unterschiedlich sein. Während die größten Vorräte im Gebiet der Weser und Ems liegen — und damit hier auch die Förderung langfristig am stärksten erhöht

---
[57] Erdölinformationsdienst, 21. Jg., Nr. 43, S. I/II, 19. April 1968.

werden kann —, haben sich die Erdgasvorräte z. B. im Oberrheintalgraben seit 1963 sogar verringert. In der dritten Erdgasprovinz Deutschlands, dem Alpenland, nehmen die Erdgasvorräte langfristig gesehen wohl ebenfalls ab, da neue Lagerstätten großen Umfangs bisher nicht wieder entdeckt worden sind.

Diese regional sehr unterschiedlichen Vorratsmengen sind für den künftigen Erdgasabsatz in der Bundesrepublik allerdings nicht allein entscheidend. Aufgrund des ausgedehnten Netzes von Ferngasleitungen wird es 1975 möglich sein, Erdgas unabhängig von regional bedeutsamen Lagerstätten überall im Bundesgebiet anzubieten.

Neben der zunehmenden Erdgasförderung aus deutschen Lagerstätten wird bis 1975 zusätzlich mit einem steigenden Erdgasimport aus Holland gerechnet. Die Groninger Lagerstätten enthalten Vorratsmengen von weit über 2 000 Mrd. Nm³. Auf diesen umfangreichen Vorräten basieren die mit den holländischen Erdgasproduzenten abgeschlossenen Lieferverträge. Diese kontraktierten Abnahmemengen belaufen sich — einschl. Optionen auf zusätzliche Erdgasmengen — auf 11 Mrd. Nm³ im Jahre 1975.

Das Erdgasangebot aus deutschen und holländischen Lagerstätten wird demnach im Jahre 1975 mindestens 28 Mrd. Nm³ Erdgas betragen. Bei Berücksichtigung der unterschiedlichen Eigenschaften des Erdgases aus den einzelnen Feldern bzw. der unterschiedlichen Heizwerte pro Nm³ sind dies rund 35 Mill. t SKE.

Bei einer Gegenüberstellung der errechneten Nachfrage nach Erdgas in Höhe von 6 Mill. t SKE in Form von Heizgas für den Haushaltssektor, 3,9 Mill. t SKE für Kochgas[58], 18,6 Mill. t SKE für die Industrie zeigt sich, daß ein ausreichendes Gasangebot schon aufgrund der bisherigen Verträge vorhanden ist. Darüber hinaus könnten die Vertragsmengen bei Bedarf wohl ohne weiteres erhöht werden.

4. Die voraussichtliche Preiskonstellation des Heizgases

a) Allgemeines

Die vorangegangenen Analysen haben gezeigt, in welchen Größenordnungen das Gas künftig in der Lage sein wird, zur Deckung des Brennstoffbedarfs im Haushalts- und Kleinverbrauch beizutragen. Da hierbei das Gas — und in dominierender Weise künftig das Erdgas — mit den übrigen Brennstoffen konkurriert, ist eine mengenmäßige Betrachtung des künftig zu erwartenden Gasangebots unvollständig ohne die Berücksichtigung der zu erwartenden Preisbildung für Erdgas.

---

[58] Vgl. *U. Dolinski;* a.a.O., S. 14/15.

b) Die erwartete Heizgaspreisbildung

Seine Verwendungsmöglichkeiten lassen das Gas im Haushalts- und Kleinverbrauch mit allen Brennstoffen, den festen wie den flüssigen, in Wettbewerb treten. Bei der Ausdehnung seines Absatzes wird das Erdgas sich jedoch hauptsächlich dem zur Zeit billigsten Brennstoff, dem leichten Heizöl, anpassen, indem der Preis des Erdgases am Preis des Heizöls ausgerichtet werden dürfte[59]. Wegen der sogenannten Handhabungsvorteile, die es gegenüber dem leichten Heizöl aufweist, würde es sich bei gleichem Wärmepreis von Erdgas und Heizöl auf der ganzen Linie gegen das Heizöl — und damit natürlich noch eher gegen die Kohle — durchsetzen können. Den Vorteilen des Gasverbrauchs zu Heizzwecken im Haushalt (keine Lagerung, saubere Bedienung etc.) dürfte jedoch in Form eines bestimmten Preisaufschlags auf den Vergleichspreis des Heizöls Rechnung getragen werden, wobei für den Gasabsatz im Haushalts- und Kleinverbrauch ein durchschnittlicher Zuschlag von rund 10 vH[60] erwartet werden kann. Abweichungen von diesem Gütefaktor sind in Einzelfällen aus preispolitischen Gesichtspunkten natürlich möglich[61].

Für die künftig zu erwartende Preisrelation zwischen festen, flüssigen und gasförmigen Brennstoffen ergibt sich daraus folgendes: Die Heizölpreise dürften auch in Zukunft unter dem Preisniveau der Hausbrandkohle liegen; der künftig zu erwartende Preis des Erdgases wird auf jeden Fall unter dem Preisniveau der Steinkohle, vermutlich etwa in Höhe der Preise für leichtes Heizöl liegen.

Aus dieser voraussichtlichen Entwicklung der Preisrelationen läßt sich auch ersehen, in welcher Reihenfolge die Brennstoffe der Konkurrenz des Erdgases ausgesetzt werden dürften. Aus Gründen des zu erwartenden Preisvorsprungs des Heizgases gegenüber den festen Brennstoffen wird die Substitution wohl als erstes bei dem Steinkohlenabsatz fühlbar werden. Für diese Annahme spricht auch die Tatsache, daß Erdgas- und Heizölproduzenten im großen und ganzen identisch sind. Diese Angebotssituation dürfte ohne Zweifel dazu führen, daß der Erdgasanbieter erst einmal versuchen wird, den festen Brennstoffen den Markt im Haushaltssektor streitig zu machen, bevor er in einem zweiten Schritt dann mit konkurrierenden Heizölanbietern in Wettbewerb tritt.

---

[59] K. *Zijlstra:* „Das niederländische Erdgas in der Energiewirtschaft der Gemeinschaft", in Statistische Informationen der Europäischen Gemeinschaft 1965, Hohe Behörde Luxemburg, H. 4, S. 125 ff.
[60] H. *Oster:* „Die Gastarifpolitik aus internationaler Sicht", in Gas- und Wasserfach 1961, S. 221.
[61] H. *Oster:* a.a.O., S. 221.

Abschließende Betrachtung und Ausblick

Die vorliegende Studie über den Brennstoffverbrauch im Haushalts- und Kleinverbrauch zeigt, daß auch in den kommenden Jahren mit einem weiterhin kräftigen Wachstum des Brennstoffverbrauchs zu rechnen sein wird. Die strukturelle Verbrauchsentwicklung der analysierten Energieträger wird dabei zwar regional unterschiedlich sein, jedoch ist in allen untersuchten Regionen ein Rückgang des Steinkohlenabsatzes bzw. ein steigender Heizölverbrauch zu erwarten. In den Wettbewerb der festen und flüssigen Brennstoffe wird — bis 1970 allerdings noch in geringerem Umfang — das Erdgas treten. In der Zeit nach 1970 dürfte jedoch der Wettbewerbsdruck des Erdgases voll zur Geltung kommen und den Rückgang des Steinkohlenabsatzes beschleunigen bzw. den Verbrauchszuwachs des leichten Heizöls verringern. Dabei wird der Wettbewerbsdruck des Erdgases nicht nur bedingt sein durch die großen Erdgasvorräte, sondern auch eine Folge der Tatsache sein, daß das Erdgas seinerseits in den Jahren nach 1975 einem verstärkt auf den Markt drängenden Wettbewerber — dem Heizstrom[62] — ausgesetzt werden wird. Die Erdgasanbieter werden daher gezwungen sein, sich bis 1975 einen entsprechenden Anteil am Brennstoffmarkt des Haushaltssektors zu sichern.

---

[62] 1975 voraussichtlich rund 4,5 Mill. t SKE.

Summary

The function of this study was to analyse the regional consumption of fuel until 1975 in households and private use. The analysis not only deals with overall fuel consumption but also examines developments in the use of solid, liquid and gas fuels.

Having once acquired the basic empirical material, it was then a question of finding out which factors exercised the greatest influence on the development of fuel consumption. In this study fuel consumption is regarded as a function of temperature and housing. The strength of both influences was forecasted. This means that after elimination of temperature influences absolute fuel consumption was derived from a combination of the forecast for average fuel consumption per house and the projection of the number of devellings per region. The elimination of the temperature factor was carried out with the aid of a unit of measurement employed in meteorology.

The results show that in the coming years, a further growth in fuel consumption can be expected. The structural development in consumption of the fuels analysed will be different for each region. However in all the provinces examined, there was a fall in the sales of bituminous coal and an increase in the consumption of heating oil. By 1970, the competition between solid and liquid fuels will be intensified to a slight extent initially by the general introduction of natural gas. After 1970 however, natural gas will be a really strong competitor, and will force down the sales of bituminous coal and stem the growth in the consumption of light heating oils. Whether natural gas can continue to be a strong competitor will be determined by the size of the natural supplies and also by the pressure exerted by electricity, which will be a strong competitor by 1975. Therefore, the suppliers of natural gas will be compelled to prepare for 1975 and beyond by securing for themselves a suitable share of household fuel consumption.

Literaturverzeichnis

1. Bücher und Statistiken

Arbeitskreis Energiebilanzen: „Die Energiebilanzen in der Bundesrepublik Deutschland". Köln 1960—1965.

Bundesministerium für Wirtschaft: „Daten zur Entwicklung der Energiewirtschaft in der BRD". Juli 1967.

Ebel, C. W.: „Die Einsatzmöglichkeiten von Kernkraftwerken der Elektrizitätswirtschaft der Bundesrepublik Deutschland bis 1985", Sonderhefte des DIW Nr. 82, (Berlin 1968).

Energiegutachten 1961: „Untersuchung über die Entwicklung der gegenwärtigen und zukünftigen Struktur von Angebot und Nachfrage in der Energiewirtschaft der Bundesrepublik unter besonderer Berücksichtigung des Steinkohlenbergbaus". Berlin 1961.

Förster, K.: „Allgemeine Elektrizitätswirtschaft". Berlin 1961.

Levy, W. J.: „Lage und Entwicklungstendenzen des Welterdölmarktes in ihrer Auswirkung auf die Energiepolitik Westeuropas, insbesondere der BRD". Drucksache Nr. 59, Bundesverband der deutschen Industrie.

Liebrucks, M.: „Corrigendum zum Energiegutachten 1961". Berlin 1965.

„Grundlinien der Energiepolitik in der BRD seit 1950" (Studie für die japanische Regierung).

„Projektionsmodell der Industrie der BRD unter energiewirtschaftlichen Gesichtspunkten", unveröffentlicht.

„Untersuchung über den regionalen Heizölverbrauch 1956—1965", unveröffentlicht.

Pfanzagl, J.: „Allgemeine Methodenlehre der Statistik", Sammlung Göschen 1966.

Prognos report: „Die Bundesrepublik 1980". Basel 1965, Prognos report Nr. 1.

Statistische Jahrbücher für die Bundesrepublik Deutschland, Stuttgart und Mainz 1956—1965.

Statistik der Kohlenwirtschaft e. V.: „Die Kohlenwirtschaft der BRD". Essen 1967.

Weber, E.: „Grundriß der biologischen Statistik". Stuttgart 1967.

Zijlstra, K.: „Das niederländische Erdgas in der Energiewirtschaft der Gemeinschaft" in Statistische Informationen der Europäischen Gemeinschaft. 1965.

2. Dissertationen

Fuchs, G. Ch.: „Untersuchungen über die jetzige und zukünftige Stellung des Erdgases in der Energiewirtschaft der BRD". Aachen 1965.

3. Vorträge und Zeitschriften

Adler, F.: „Möglichkeiten zur Verbesserung der Wirtschaftlichkeit des heimischen Steinkohlenbergbaus", Sonderdruck der Vorträge anläßlich des Energiekolloqiums der TU Berlin, Nov. 1967.

Decker, P. J.: „Aktuelle Finanzierungsprobleme in der öffentlichen Gaswirtschaft", Vortrag am Energiewirtschaftlichen Institut der Universität Köln, April 1967.

Fuchs, R. u. Nitzsche, H.: „Energieverbrauch im Haushalt und Gewerbe" in „Öl", Zeitschrift für die Mineralölwirtschaft, Hamburg 1964.

Holm, K. F. u. Deffner, K.: „Der Verbrauch von leichtem Heizöl in der BRD". Erdöl und Kohle, Hamburg, August 1964.

Koch, H. L.: „Tanker, Rückgrat der Mineralölversorgung" in „Öl", Zeitschrift für die Mineralölwirtschaft, Hamburg, Juli 1965.

Liebrucks, M.: „Absatzaussichten außereuropäischer und deutscher Energieträger in der BRD", Colloque Européen d'Economie de l'Energie, Grenoble 1965.

Oster, H.: „Die Gastarife aus internationaler Sicht". Gas- und Wasserfach 1961.

Petroleum Press Service: „Der Tankschiffsmarkt im laufenden Jahrzehnt", 1964.

Printed by Libri Plureos GmbH
in Hamburg, Germany